本书得到中央高校科研业务费资助(HUST：2016AB006)及国家社会科学基金青年项目"劳动力价格上涨对中国粮食生产的影响研究"资助(13CGL085)和国家社会科学基金重大项目"基于创新驱动的产业结构优化升级研究"(12&ZD045)资助

劳动力价格上涨对
中国粮食生产的影响研究

杨 进 ○ 著

中国社会科学出版社

图书在版编目（CIP）数据

劳动力价格上涨对中国粮食生产的影响研究/杨进著．—北京：中国社会科学出版社，2016.7

ISBN 978-7-5161-7986-4

Ⅰ.①劳⋯ Ⅱ.①杨⋯ Ⅲ.①工资—影响—粮食—生产—研究—中国 Ⅳ.①F326.11

中国版本图书馆 CIP 数据核字（2016）第 074837 号

出 版 人	赵剑英
责任编辑	卢小生
特约编辑	林　木
责任校对	周晓东
责任印制	王　超
出　版	中国社会科学出版社
社　址	北京鼓楼西大街甲 158 号
邮　编	100720
网　址	http：//www.csspw.cn
发 行 部	010-84083685
门 市 部	010-84029450
经　销	新华书店及其他书店
印　刷	北京君升印刷有限公司
装　订	廊坊市广阳区广增装订厂
版　次	2016 年 7 月第 1 版
印　次	2016 年 7 月第 1 次印刷
开　本	710×1000　1/16
印　张	11.75
插　页	2
字　数	190 千字
定　价	46.00 元

凡购买中国社会科学出版社图书，如有质量问题请与本社营销中心联系调换
电话：010-84083683
版权所有　侵权必究

前　　言

本书是研究劳动力价格上涨对粮食生产的相关影响，涉及劳动力价格上涨后诱导的农业劳动力转移、农业机械化的兴起，以及其对粮食生产效率、种植结构和土地流转等方面的影响。在研究过程中，笔者得到诸多师长的指导并与他们一起合作撰写，在此衷心致谢，他们分别是北京大学张晓波教授、浙江大学黄祖辉教授和阮建青副教授、国际食物政策研究所陈志钢教授、密歇根州立大学金松青教授和托马斯·里尔登（Thomas Reardon）教授、南京农业大学钟甫宁教授等，同时感谢卢小生等编辑为本书的出版付出的大量心血。

本书分成以下六个章节：

第一章劳动力价格上涨对农业机械的影响。通过研究发现，劳动力价格上涨最先触动的是年轻劳动力，相比较于年纪较大的劳动力而言，随着劳动力价格的不断上涨，年轻劳动力更倾向于进入城市，从事非农工作。从需求层面来看，农村内部由于大量劳动力的转移，剩余的劳动力已经变得稀缺，再也无法维持传统的"互帮互助"式的农业生产模式，富有竞争性的农村劳动力市场逐渐形成。但是，由于近些年来劳动力工资上涨太快，农户家庭通过雇用农村市场中的劳动力从事农业生产会大幅度提升生产成本，使生产粮食变得不划算，因此"雇工式"的农业生产方式并不适应当前的中国农村形势。另外，单个农户家庭自己购买农业机械也不划算，因为单个农户的土地规模太小，单位土地的农业机械成本太大，这种农业生产模式也不可能。

近年来，农村地区涌现的农业机械跨区作业的社会服务方式，是单个农户家庭的最优选择。从供给层面来看，中国地区之间的气候差异，使得中国地区之间的粮食收割在时间上形成了一个较长的梯度，个体农户可以通过购买大型农业机械在全国十几个省份内进行收割作业，跨区作业时间一年长达7个月，这样就充分降低了个体农户购买农业机械进行跨区作业的单位土地机械成本，使得他们可以盈利，从而在供给层面保障了农业机械社会服务的形成。

在厘清了劳动力价格诱导农业机械替代农业劳动力机制以后，采用微观农户数据实证分析了劳动力价格对使用农业机械的影响。研究结果表明，在控制了其他影响因素的前提下，劳动力外出打工工资对农户家庭使用农业机械有显著正向影响，其劳动力外出打工工资每增加1倍，则农户家庭在每亩农业机械上的花费会增加44.3%。另外，实证结果表明，劳动力外出打工工资对平原地区的正向影响更加显著，劳动力外出打工工资每增加一倍，平原地区农户家庭每亩农业机械花费会增加55.8%，而山岭地区每亩农业机械花费只增加17.3%。

第二章农业机械替代劳动力对粮食生产效率的影响。农业机械的使用是否会对粮食生产的生产率产生影响？因为传统的农业经济学总是认为精耕细作会增加生产率，而粗放式经营则会损失生产率。为了验证这个问题，笔者利用多个微观农户调查数据库进行实证研究，采用得分匹配的实证估计方法，研究结果表明，农户家庭使用农业机械跨区作业服务并不对粮食生产产生负面影响。

第三章劳动力价格、人口结构变化对粮食种植结构的影响。本章分别从宏观省级层面和微观农户家庭层面进行实证研究。研究结果表明，在宏观省级层面，农村劳动力价格上涨对粮食作物的种植比例有显著负向影响，而对经济作物的种植比例有显著正向影响，尤其是对蔬菜作物种植比例促进幅度较大。微观农户层面的实证结果与宏观结果保持一致，凸显了实证结果的稳健性。

在农户家庭人口结构方面，宏观层面和微观层面的实证结果都表明老年劳动力比例对粮食生产无显著影响，而女性劳动力比例高对粮食种植比例有显著负面影响，而对经济作物种植比例有正面影响。

第四章劳动力价格、人口结构变化对农村土地流转的影响。本章主要利用微观农户数据进行实证研究。研究结果表明，劳动力价格上涨在平原地区对农村土地租入和租出都有显著正向影响，即劳动力价格上涨会促进平原地区农村土地租赁市场的发育。而山岭地区实证结果表明，劳动力价格上涨对农村土地租赁没有显著影响。在人口结构层面，无论是分土地租入或者租出，还是分总样本、平原地区和山岭地区进行分析，实证结果均表明，农户家庭人口的老龄化和女性化对农村土地租赁市场并不构成显著影响。人口结构的老龄化和女性化是否会加剧或者减弱劳动力价格上涨对农村土地租赁市场的影响，实证结果也表明，在统计学上不存在显著影响。

第五章劳动力外出打工和本地非农就业对粮食生产效率的影响。本章研究了农户家庭外出打工和本地非农就业行为对粮食生产效率的影响。将关联随机效用分析方法引入随机前沿生产效率估计模型，控制了某些无法观察到的内生性影响因素之后，实证结果表明，本地非农就业和外出打工对粮食生产效率都没有显著负向影响，打破了认为农村劳动力转移必然给农业生产效率带来负面影响的观点。

第六章总结和展望。随着经济的发展，劳动力价格也会不断攀升，农户可能更倾向于在未来种植收益高的经济作物。按照市场经济的发展，小规模和细碎化的粮食生产方式可能会逐渐减少。应对这种变化，未来国家的可能路径在于粮食生产的集中化、集团化生产，建立更多类似新疆地区的大型粮食农垦集团进行集中生产。集中生产，可以突破大型农业机械较难应用于细碎化农田的限制，降低每亩的机械使用成本。大型农业机械的广泛使用，也可以为工业和服务业节省出更多的劳动力。在土地方面，虽然劳动力价格上涨能够有效诱导土地加速流转，但是，毕竟规模和数量有限，政府可能需要采取更多方式来鼓励土地流转，比如土地入股等，让土地集中起来，打破传统细碎化的经营方式，去除田埂，使土地集中成片进行机械化生产。

目　　录

第一章　劳动力价格上涨对农业机械的影响 …………………… 1

　　第一节　引言 ……………………………………………………… 1
　　第二节　农村劳动力价格的上涨趋势 …………………………… 3
　　第三节　劳动力工资上涨对农业劳动力的挤出效应 …………… 7
　　第四节　劳动力价格上涨诱导农户使用农业机械
　　　　　　替代劳动力 ……………………………………………… 12
　　第五节　实证分析劳动力价格上涨对农业机械使用
　　　　　　的影响 …………………………………………………… 40
　　第六节　结论 ……………………………………………………… 47

第二章　农业机械替代劳动力对粮食生产效率的影响 ………… 49

　　第一节　引言 ……………………………………………………… 49
　　第二节　如何估计生产效率 ……………………………………… 50
　　第三节　样本选择文献综述 ……………………………………… 53
　　第四节　倾向得分匹配估计方法 ………………………………… 56
　　第五节　四川省农业机械化服务对粮食生产效率的影响 ……… 62
　　第六节　十一省农业机械化服务对粮食生产效率的影响 ……… 71
　　第七节　结论 ……………………………………………………… 78

第三章　劳动力价格、人口结构变化对粮食种植结构的影响 …… 80

　　第一节　引言 ……………………………………………………… 80
　　第二节　农村劳动力价格上涨趋势 ……………………………… 82
　　第三节　中国粮食种植结构变化趋势 …………………………… 85

第四节　中国农村人口结构变化 …………………………… 92
第五节　宏观层面的实证分析 ……………………………… 95
第六节　微观层面的实证分析 ……………………………… 102
第七节　结论 ………………………………………………… 105

第四章　劳动力价格、人口结构变化对农村土地租赁的影响 … 107

第一节　引言 ………………………………………………… 107
第二节　中国劳动力价格的上涨趋势 ……………………… 110
第三节　农村土地租赁基本情况 …………………………… 113
第四节　实证分析 …………………………………………… 115
第五节　结论 ………………………………………………… 124

第五章　劳动力外出打工和本地非农就业对粮食生产效率的影响 …………………………………………… 126

第一节　导言 ………………………………………………… 127
第二节　资料来源和描述 …………………………………… 129
第三节　实证估计方法 ……………………………………… 135
第四节　实证结果和讨论 …………………………………… 138
第五节　结论 ………………………………………………… 143

第六章　总结和展望 …………………………………………… 145

附　录 …………………………………………………………… 146

2011 年农业部固定观察点地震问卷中机械化服务部分 …………………………………………………… 146
2012 年农业部固定观察点机械化服务专项调查问卷 …………………………………………………… 147
江苏省徐州市沛县农业机械化合作社调查问卷 ………… 150

参考文献 ………………………………………………………… 163

第一章 劳动力价格上涨对农业机械的影响*

近些年来，随着劳动力价格的不断上涨，诱导大量农村劳动力进入城市非农就业，农村逐渐呈现农业劳动力缺乏局面。在这种背景下，中国农业机械开始兴起。本章基于这些农村现象研究劳动力价格上涨对农业劳动力的挤出效应、如何诱导农业机械替代农业劳动力，以及使用农业机械后对中国粮食生产效率的影响。

第一节 引言

随着20世纪90年代初中国户籍制度的放松，大量农村劳动力放弃传统的农业劳动到城市打工（蔡昉，2007），究其原因，一方面是由于中国小规模农业经营存在大量过剩的农业劳动力需要转移，这些过剩的劳动力需要寻找新的出路；另一方面在于城市工业部门的工资远高于农业收入，这也极大地吸引了农业劳动力进城务工，这两方面的原因造就了2004年前后发生的"民工潮"[①]和"民工荒"[②]现象。其后的几年，中国经济持续高速发展，城市工业、服务部门对劳动

---

* 执笔人：杨进，华中科技大学经济学院；张晓波，北京大学国家发展研究院。

① 参见张佩颖《中国成为"世界的工厂"》，《市场报》2001年7月18日第C01版。

② 民工荒是指在最低限度生活费用工资水平下，从农村转移到城市的劳动力供不应求。参见戴敦峰等《中国遭遇20年来首次"民工荒"》，《南方周末》2004年7月15日。

力的需求不断增加，导致在最近一些年的劳动力工资不断上涨，工资的持续上涨也吸引着越来越多的农村劳动力以更大规模涌入城市。

这个现象在中国学术界引发了极大关注和广泛讨论，这里面包括对劳动力价格、劳动力转移、劳动力供给等相关问题的研究（许经勇，2009；蔡昉和都阳，2011；丁守海，2011；杜建军、孙君和汪伟，2014），劳动力价格上涨对国民经济增长和就业的影响研究（陈秀梅，2007）。在农业层面，研究劳动力价格上涨的相关问题不多，比如刘怀宇、李晨婕和温铁军（2008）研究劳动力成本对粮食生产的影响，花晓波、闫建忠和袁小燕（2014）研究劳动力成本对丘陵山区农地弃耕影响等，之所以在农业部门研究劳动力价格相关问题不多，最主要原因在于劳动力价格数据较难获得，尤其面板数据。这一方面是因为国家政府层面一直没有大规模地收集劳动力价格数据；另一方面在于作为个人研究学者如果要收集大规模的面板数据需要花费大量的资金，所以导致劳动力价格上涨对农业相关问题的学术研究一直较为贫乏。

农业部固定观察点调查恰好从2004年开始收集了农村劳动力外出打工工资数据，这正好能够作为劳动力价格的指标，所以笔者与农业部固定观察点合作，利用2004—2008年湖南、四川、江西、山东和黑龙江5个省份农户调查数据进行研究。农业部农村固定观察点调查（RCRE），该调查起源于1986年，在各个省选取富裕、中等和低等三种不同收入水平的县，然后在县一级同样按经济发展水平分层随机选取不同的村，最后在同一村内分层随机选取不同农户逐年进行跟踪调查，详细记录了农户的生产和消费情况。

劳动力价格上涨首先反映促进农村劳动力的外出打工，其次劳动力价格的不断上涨使从事农业劳动的成本不断上升，所以必然会诱导农业机械对农业劳动力的替代。因此，本章将首先研究劳动力价格上涨对农业机械替代农业劳动力的影响。

第二节　农村劳动力价格的上涨趋势

农村劳动力价格反映在劳动力工资水平上，而研究农业部门的劳动力工资主要有两个来源：一个是农业劳动力外出打工工资水平，另一个是农村内部的劳动力雇工工资水平。这两个工资来源有一定差异，外出打工一般是时间周期较长，工资水平较为平滑。农村内部的劳动力雇工常常发生在农忙季节，农忙季节的生产周期较短，其特征是时间短，劳动密集。所以从工资水平的反映来看，农村内部的每日雇工工资常常高于外出打工的每日雇工工资，这是近几年农村调研发现的情况。

在以往的文献中，Zhang 等（2011）利用甘肃农村内部的农户调查数据，反映农村雇工工资从 1993 年的 16 元上涨到 2006 年的 44 元，并在 2003 年后呈现出两位数的增长率。在本节将在宏观层面和微观层面分别反映农村内部雇工工资水平和农户家庭劳动力外出打工工资。

一　宏观层面的劳动力工资水平

《农产品成本收益资料汇编》收集了各省不同作物的雇工费用，将用这个数据来反映宏观省级层面的劳动力工资上涨趋势。

如表 1-1 所示，水稻、小麦、玉米、油料、棉花、烤烟和蔬菜这七种作物的劳动力雇工工资从 1998 年的 12—23 元上涨到 2012 年的 66—100 元，尤其是三种粮食作物水稻、小麦和玉米，2012 年的劳动力雇工工资水平分别是 99 元、86 元和 83 元，其次是棉花为 75 元，其他三种作物都低于 70 元，这主要是因为粮食作物和棉花都属于劳动时间和劳动强度较为集中的作物，而油料、烤烟和蔬菜则是属于劳动周期较长，劳动强度平均较轻的作物。

图 1-1 更形象地反映了时间趋势，可以看到与 Zhang 等（2011）的研究很类似，2004 年前后，这七种作物的劳动力雇工工资水平呈现加速上涨的趋势。

表1-1　　　　　　　不同农作物的雇工工资水平　　　　　单位：元/天

年份	水稻	小麦	玉米	油料	棉花	烤烟	蔬菜
1998	22.56	19.85	12.20	23.95	19.70	14.74	14.32
1999	19.53	10.59	12.33	8.96	11.65	12.42	16.46
2000	20.80	18.20	17.00	17.70	19.40	16.50	17.07
2001	20.90	17.00	16.50	18.30	18.20	16.60	18.70
2002	20.30	17.70	16.40	17.50	17.50	16.50	19.15
2003	21.20	17.90	17.30	18.60	18.50	17.20	20.90
2004	24.03	19.93	20.43	18.17	27.15	18.52	26.49
2005	28.64	17.40	23.07	22.11	29.18	21.98	28.83
2006	33.43	24.53	26.66	26.29	30.30	24.88	30.86
2007	40.08	28.69	31.21	31.33	34.85	31.31	34.06
2008	51.22	39.50	39.22	38.73	39.31	40.48	39.89
2009	57.24	52.62	46.02	45.78	43.71	43.63	44.47
2010	67.02	49.19	52.10	47.79	56.96	48.94	51.49
2011	83.73	70.84	70.36	59.04	72.92	59.17	59.90
2012	99.06	85.76	82.89	66.49	74.68	68.87	67.52

资料来源：历年《农产品成本收益资料汇编》。

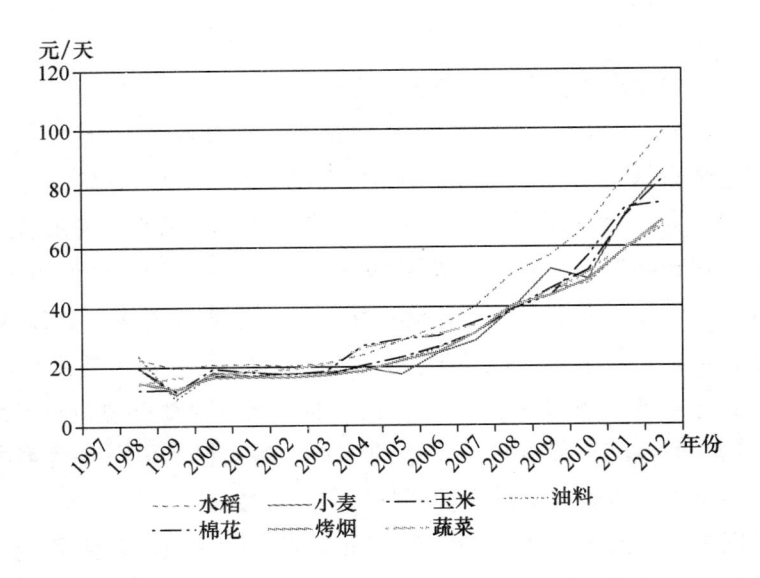

图1-1　不同农作物雇工工资时间趋势

资料来源：历年《农产品成本收益资料汇编》。

二 微观层面的劳动力工资水平

农业部固定观察农户调查数据涵盖了村庄的地理地貌特征变量,所以可以区分平原和山区的不同样本,本节将从平原和山区分别进行描述。在固定观察点调查内,由于农村内部雇工工资样本量较少,而且方差分布较大,这一块的工资数据质量不佳,因此,我们用农户家庭成员外出打工工资来反映劳动力价格变化。

表1-2反映了5个省份固定观察点调查农户2004—2008年的外出打工工资基本情况①,从总样本来看,2004年劳动力外出打工工资水平的均值和中值都稳定在20元,逐步上涨到2008年的35元和33元,样本的变异系数也较为稳定,大约为0.26。就地区差异而言,平原地区和山岭地区的工资水平分布没有较大差异,基本上都是从2004年的20元左右上涨到2008年的33—36元。

表1-2　　5个省份劳动力外出打工工资基本情况　　单位:元/天

总样本	均值	中值	最小值	最大值	变异系数	样本量
2004年	20.51	20.00	11	30.43	0.26	2190
2005年	22.83	22.92	12	35.11	0.24	2194
2006年	25.66	26.67	13	44.22	0.26	2129
2007年	30.14	30.00	14	50.00	0.27	2247
2008年	34.74	33.33	18	58.33	0.27	1853
总计	26.55	25.00	11	58.33	0.33	10613
平原						
2004年	21.26	20.00	11	30.17	0.30	898
2005年	22.45	22.22	12	35.11	0.29	909
2006年	25.72	26.67	15	44.22	0.29	919
2007年	29.98	30.00	15	50.00	0.34	745

---

① 为了控制调查中其他因素的干扰,我们取各县的中值以反映不同地区的劳动力外出打工工资水平。因为农业部固定观察点在选取样本时,是在一个省选取10个县,然后在每个县选取一个村,最后在每个村内部选取30—100个农户家庭样本,所以,实际上这里所谓每个县即是每个村的工资水平。

续表

总样本	均值	中值	最小值	最大值	变异系数	样本量
2008 年	33.86	32.00	18	56.43	0.30	670
总计	26.12	25.00	11	56.43	0.36	4141
山区						
2004 年	20.00	20.00	11	30.43	0.22	1292
2005 年	23.00	22.92	14	33.33	0.21	1252
2006 年	25.57	26.67	13	37.50	0.24	1181
2007 年	30.94	32.00	14	44.92	0.21	1093
2008 年	35.30	33.85	20	58.33	0.25	954
总计	26.39	25.00	11	58.33	0.31	5772

资料来源：2004—2008 年农业部固定观察点调查数据。

表1-3 分别反映了5个省份各省的外出打工工资水平中值，相对于其他3个省份，2004年黑龙江和江西两省的劳动力外出打工工资较高，大致在22—23元，其他3个省份的工资水平都未超过20元。但是，随时间变化到2008年时，5个省份的工资水平都呈现出趋同的形态，2008年5个省份各自的外出打工工资水平都在33—36元。从增长率看，差异不是太大，黑龙江省和江西省年均增长率为0.04，山东省的年均增长率为0.05，湖南省和四川省的年均增长率为0.06。同样，在平原和山区，也并没有呈现出较大的差异。

表1-3　　　　不同省份内劳动力外出打工工资基本情况　　　单位：元/天

总样本	2004 年	2005 年	2006 年	2007 年	2008 年	增长率
黑龙江	22.63	24.53	24.52	29.15	33.81	0.04
江西	22.46	24.71	28.14	31.95	35.61	0.04
山东	19.50	21.59	26.21	29.34	33.94	0.05
湖南	18.00	22.13	26.32	32.19	35.98	0.06
四川	18.64	21.07	24.15	29.41	35.18	0.06

续表

总样本	2004年	2005年	2006年	2007年	2008年	增长率
总计	20.51	22.83	25.66	30.14	34.74	0.05
平原						
黑龙江	22.50	23.36	24.68	30.53	33.45	0.04
江西	23.77	23.91	29.85	29.25	35.13	0.03
山东	19.35	21.40	26.08	28.88	33.88	0.05
湖南	20.70	22.07	23.23	30.83	32.36	0.04
四川	17.96	20.94	22.79	31.37	36.52	0.06
总计	21.26	22.45	25.72	29.98	33.86	0.04
山区						
黑龙江	22.80	26.51	24.28	28.28	34.30	0.04
江西	21.79	25.06	27.32	31.92	34.94	0.04
山东	20.57	23.33	27.33	32.14	34.38	0.05
湖南	17.12	21.53	27.19	32.53	37.10	0.07
四川	18.75	21.09	24.34	31.68	35.50	0.06
总计	20.00	23.00	25.57	30.94	35.30	0.05

资料来源：2004—2008年农业部固定观察点调查数据。

第三节 劳动力工资上涨对农业劳动力的挤出效应

假设农村劳动力就业有两种途径，分别是农业和外出打工，如图 1-2 所示。总劳动力为 L，农业生产的工资水平等于其边际产出，如图中左边所示的向下曲线，假设农业土地总量是固定的，所以劳动力投入越多，所获得的劳动边际产出越少。右边代表的外出打工，假设工业部分可以完全吸收从农村转移出去的劳动力，农村劳动力外出打工工资为外生变量，即无论转移多少劳动力到工业部分，其工资都不变，即农村劳动力外出打工工资曲线为一条水平直线。

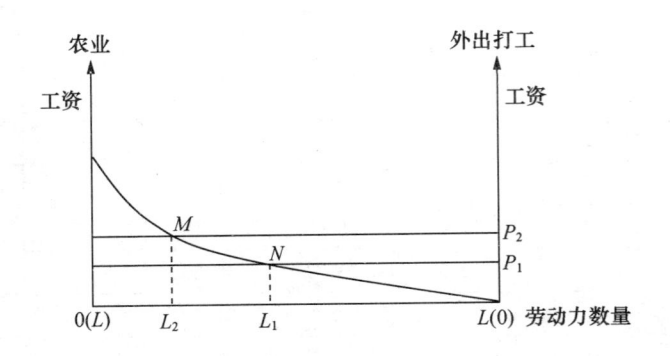

图1-2 劳动力价格上涨对外出打工的影响

假设原始均衡为 N，外出打工工资水平为 P_1，此时，外出打工的劳动力数量为 L_1，从事农业生产的劳动力为 $L-L_1$。倘若随着经济水平的发展，外出打工工资水平从 P_1 变成 P_2，均衡点由 N 变成 M，此时，均衡点的外出打工劳动力增加为 L_2，而农业生产劳动力从 $L-L_1$ 减少为 $L-L_2$。从这个模型可以推出，当其他条件不变时，一旦外出打工工资上涨，会对农业劳动力产出一个挤出效应，即从事农业生产的劳动力会减少，而外出打工的劳动力会增加。

理论推导还需要现实世界数据的支撑，表1-4反映了5个省份农户家庭成员的外出打工时间分布，从总样本来看，2004年外出打工的时间为25%，至2008年上涨为27%。从性别来看，男性和女性的农户家庭成员外出打工时间分布没有显著差异，几乎跟总样本相同。

农户家庭成员外出打工常常在年龄层面有较大差异，图1-3反映了2004年和2008年男性劳动力外出打工时间的年龄分布，从20—60岁，呈现出下降的趋势，在20岁年龄阶段的农户家庭成员有30%以上的时间在外出打工，而60岁年龄阶段的家庭农户成员只有18%的时间在外出打工。从时间维度来看，2008年的各个年龄阶段男性农户家庭成员外出打工的时间比例稍微高出2004年一些，但是幅度不大。

表1-4　　　　　　2004—2008年劳动力外出打工时间比例

总样本	均值	中值	样本量	最小值	最大值	变异系数
2004年	0.25	0.00	9647.00	0.00	1.00	1.26
2005年	0.25	0.00	9983.00	0.00	1.00	1.27
2006年	0.26	0.00	9630.00	0.00	1.00	1.23
2007年	0.28	0.00	9926.00	0.00	1.00	1.21
2008年	0.27	0.00	8979.00	0.00	1.00	1.24
男性						
2004年	0.25	0.00	5150.00	0.00	1.00	1.26
2005年	0.25	0.00	5354.00	0.00	1.00	1.26
2006年	0.27	0.00	5158.00	0.00	1.00	1.22
2007年	0.28	0.00	5340.00	0.00	1.00	1.21
2008年	0.27	0.00	4841.00	0.00	1.00	1.24
女性						
2004年	0.25	0.00	4496.00	0.00	1.00	1.26
2005年	0.25	0.00	4627.00	0.00	1.00	1.27
2006年	0.26	0.00	4472.00	0.00	1.00	1.25
2007年	0.27	0.00	4584.00	0.00	1.00	1.22
2008年	0.27	0.00	4137.00	0.00	1.00	1.24

资料来源：2004—2008年农业部固定观察点调查数据。

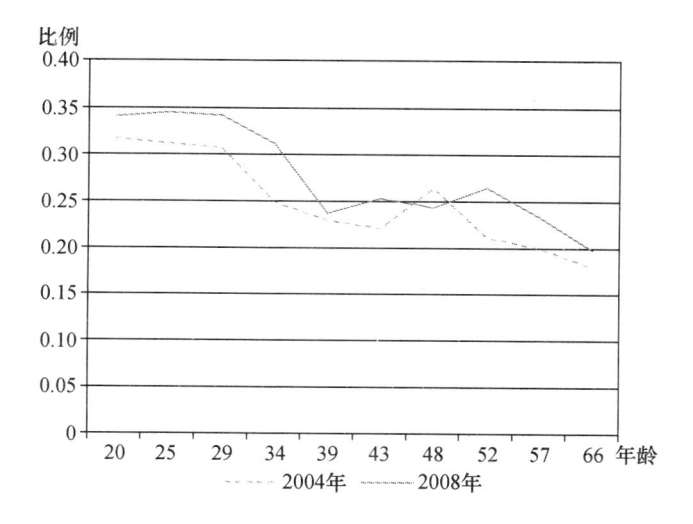

图1-3　男性劳动力外出打工时间比例

资料来源：2004—2008年农业部固定观察点调查数据。

图1-4反映了2004年和2008年女性劳动力外出打工时间的年龄分布，总体来看，女性劳动力外出打工时间的年龄分布与图1-3男性劳动力的年龄分布没有太大差异，较为接近。

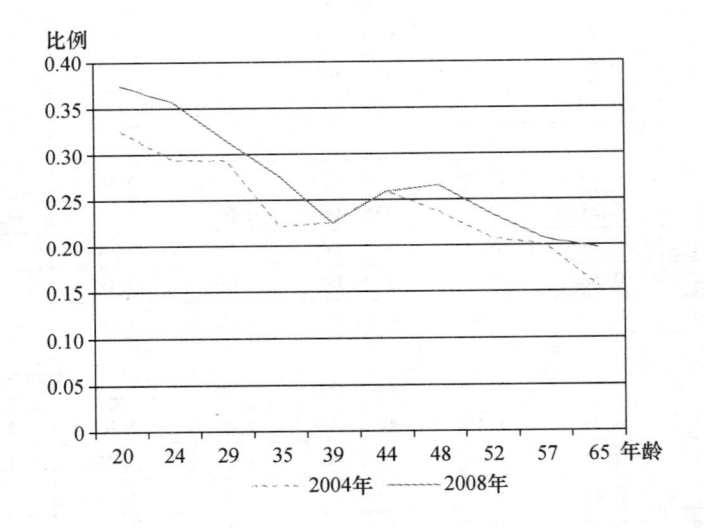

图1-4 女性劳动力外出打工时间比例

资料来源：2004—2008年农业部固定观察点调查数据。

从以上数据看，外出打工的时间比例似乎与我们在农村获得的调查感受不一致，因为无论是农村田野调查，还是从媒体上获得的新闻，都在谈农村只剩下老年劳动力、女性劳动力和小孩，那么，是否我们的数据有问题？

为了更全面地展示外出打工情况，我们从另一个侧面进行描述，即不考虑农户家庭成员外出打工时间比例，而是将只要有外出打工，无论时间多久，都视为外出打工农户成员样本，观察这些农户成员样本在总农户成员样本中的比例。

同样，从性别角度分别予以描述，图1-5反映了男性外出打工人数比例，很明显，也是呈现出从2004—2008年随年龄增大而外出打工比例逐渐下降的趋势。但是，此时就更符合我们的预期，即在2004年和2008年，20岁年龄阶段的劳动力外出打工人数比例超过了60%，而60岁年龄阶段的劳动力外出打工人数比例为30%左右，这个数据比较吻合 Zhang 等（2011）的研究。

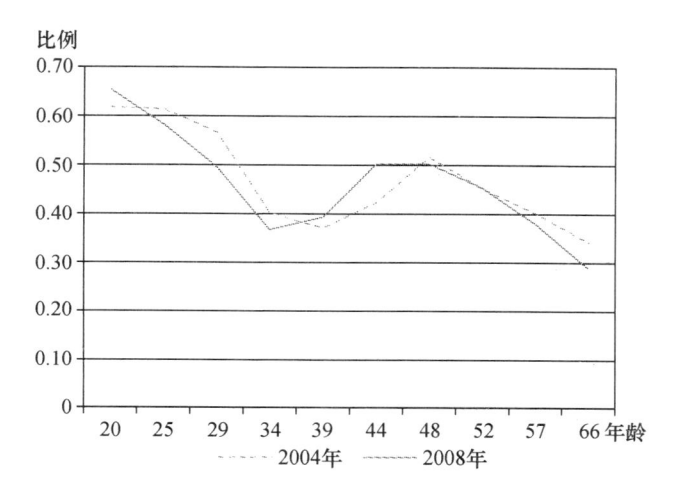

图 1-5　男性劳动力外出打工人数比例

资料来源：2004—2008 年农业部固定观察点调查数据。

图 1-6 反映了女性外出打工人数比例，同样，整体趋势也呈现出随年龄增大外出打工比例逐渐下降的趋势，总体来看，女性和男性的

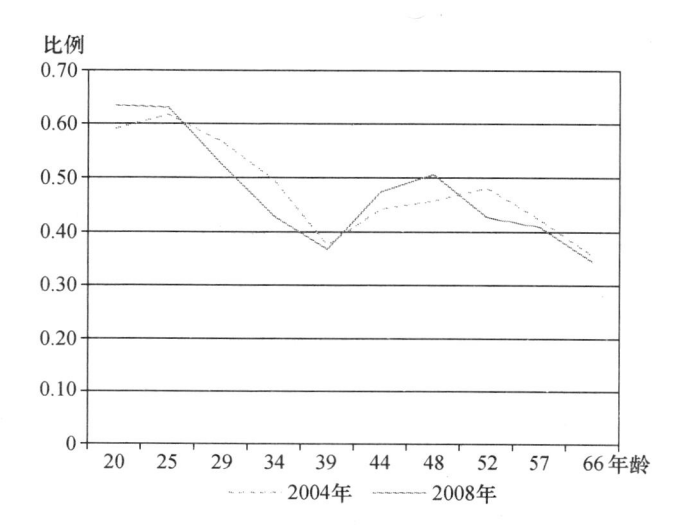

图 1-6　女性劳动力外出打工人数比例

资料来源：2004—2008 年农业部固定观察点调查数据。

区别不大。

综合以上理论和经验证据可知，随着劳动力外出打工工资水平的上涨，2004—2008年农户家庭成员外出打工时间也呈现出上涨的趋势，从25%上涨到27%，无论男性或者女性都呈现较为类似的趋势。上涨趋势较小主要原因在于，2004年全国出现"民工荒"时，农业劳动力向城市转移规模已经较大，所以，2004年之后转移规模的增加量相对较小。

第四节　劳动力价格上涨诱导农户使用农业机械替代劳动力

随着劳动力价格快速上涨，继续从事农业生产的劳动力机会成本变得越来越大，这必然会诱导农业机械替代劳动力，但是如何替代，以什么形式替代？

中国传统的农业生产是小规模土地经营，亲戚邻居"互帮互助"式的生产方式。随着最近20年内农业劳动力不断转移到城市，农村逐渐出现"空心化"村庄的特征（王海兰，2005；周祝平，2008），依靠亲戚和邻居的互帮互助农业生产模式已经逐渐瓦解，而在农村逐渐兴起了一种有中国特色的农业机械跨区作业服务。

笔者发现，2009年，农村在农忙季节出现了大量联合收割机进行水稻收割。令人惊奇的是，这些联合收割机并不属于当地农民，而是江苏省农民购买联合收割机后到四川为当地农民提供收割服务。在湖北、湖南、山东、河北和黑龙江等十多个省份都发现这种农业机械跨区作业收割服务的存在。笔者通过对不同地区的农户访谈发现，农业机械跨区作业服务主要出现在2004年后，针对小麦和稻谷进行收割。这种农业机械跨区作业收割服务的出现，使当地农民在农忙季节，只需要将劳动繁重的小麦和水稻收割工序，外包给从事农机跨区作业的专业农民，这样，就减少了农户家庭在农忙季节对劳动力的需求。

为什么随劳动力价格上涨,这种农业机械外包服务会出现,而不是其他方式,比如农户自己购买机械或雇工,等等?

一 农户家庭对农业机械的需求分析

本节内容分析随着劳动力价格上涨,中国农业生产方式是如何演化变迁,这里面有四种形态,分别是传统"互帮互助式"、雇工式、自己购买机械和使用"外包式"农业机械化服务。以下内容将逐一进行理论阐述,以弄清为什么当前的农户会选择"外包式"服务这种农业机械替代方式。

(一)传统"互帮互助式"的粮食生产方式

从1978年安徽凤阳县小岗村开始,中国逐步实现粮食生产的家庭年产承包责任制度,到20世纪80年代中后期,这个制度基本在全国实行,标志着中国走上了一条以单个农户家庭为生产单位的小规模、细碎化粮食生产经营方式。根据《中国统计年鉴》(2012)数据,农民人均耕地只有2.34亩,如果按照一户3人算,也就是说,一户有7.02亩耕地。

在尚未发展现代农业的大棚生产方式之前,传统与当前的中国农业生产其本质特征都是"靠天吃饭",即严重依赖天气和季节的变化。粮食生产工序常常严重受到季节和天气的束缚,在小麦和水稻的收割工序中,麦子和稻谷一旦成熟,就很容易会引来害虫或者麻雀,从而导致粮食减产。另外,如果天气下雨,则会造成麦秆和稻秆倒塌在田间,也会造成减产。这两个原因迫使粮食作物一旦成熟,就要求立即收割。然而,一个农户家庭平均7亩耕地,要在有限的一天或者两天内,完全依靠农户家庭的3个劳动力完成收割工序,是极其艰难的事情。

在同一个地区内,各个农户家庭的粮食播种时间、化肥施用时间以及化肥的施用量,总会存在细微的差异,而这些差异全部加在一起,就最终导致每个农户之间的收割时间存在一些小的差异,比如相隔两天,或者相隔三天。一旦收割时间差异的出现,单个农户家庭在收割时就可以请那些尚未达到收割时间的邻居或者亲戚朋友来帮忙收割,这种"互帮互助式"的收割方式一直延续了千百年的历史,保障了中国粮食生产收割工序顺利完成。

20世纪70—90年代中后期,中国经济的工业化程度不高。同时中国政府严格实行限制人口流动的"户籍制度",使得中国农村劳动力无法前往城市从事非农工作,其结果是中国农村储备了大量农业劳动力,这个时期也被中国学术界称为中国农村"剩余劳动力"阶段(林毅夫、蔡昉和李周,1999)。正是因为那个时期缺乏非农劳动的机会,农民从事粮食生产的机会成本极低,所以,在70—90年代出现了"互帮互助式"的生产方式,请邻居和亲戚朋友都不支付工钱,都采取今天你家帮我、明天我家帮你的模式。

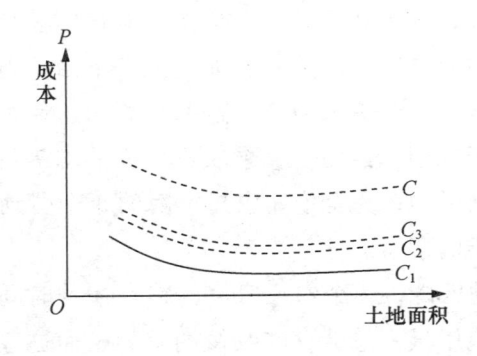

在理论层面,按照施蒂格勒(1951)分析范式,可以将中国粮食生产简化成两道工序:收割工序和非收割工序(包括耕田、播种、管理等),其中,非收割工序属于劳动较轻的环节,假设由农户家庭自己完成,成本为 C_1。在互帮互助的生产模式下,收割工序由自己家里人和邻居、亲戚朋友一起完成,成本主要来源于生活费用,假设收割工序中自家人的劳动成本为 C_2,邻居或者亲戚朋友的劳动成本为 C_3,假设帮忙邻居和亲戚朋友人数略多,则 C_3 稍大于 C_2。在图1-7中,横轴为土地面积,纵轴为成本,整个粮食生产过程的劳动成本 $C = C_1 + C_2 + C_3$。

图1-7 "互帮互助式"的粮食生产模型

(二)"雇工式"粮食生产方式

20世纪90年代中后期,随着中国经济的迅速发展,尤其是沿海地区制造业的发展,整个中国经济对劳动力需求越来越大,政府也逐渐放松了对户籍制度的管理,农村人口可以逐渐进入城市寻找非农就业机会,尤其是在 2000 年以后,中国地区之间的人口流动已经没有任何限制。农民可以进城打工挣工资,随着劳动力价格的不断上涨,意味着农民从事粮食生产的低机会成本时代已经一去不复返。在 2004 年前后,劳动力工资每年呈现出两位数的上涨幅度,不仅城市,农村内部也已经出现劳动力短缺,种种迹象表明"刘易斯转折点"已经来临(Cai and Wang,2008;Zhang et al.,2011;Cai,2010;Minami and Ma,2010;Wang,2010;Yao and Zhang,2010)。

此时,在从事粮食生产的高昂机会成本背景下,农村内部"互帮互助式"劳动模式已经瓦解,请邻居或者朋友帮忙,就需要以现金方式进行支付。根据笔者在湖北荆州、江苏徐州、河北石家庄等地的调查,农村内部雇工的工资在 100—200 元/天。而且,这仅仅是工资,请人帮忙,同时还要支出生活开支,这包括传统的吃饭买菜、买烟酒之类的支出。

相对于互帮互助传统模式,即请人帮忙成本 C_3 大幅度增大了,假设变为 C'_3,且 $C'_3 > C_3$。如图 1-8 所示,C_3 变成 C'_3 以后,整个粮食生产工序的总成本也要变大,假设变成 $C' = C_1 + C_2 + C'_3$,且 $C' > C$。图 1-8 描述了劳动力价格上涨后雇工的粮食生产模型。

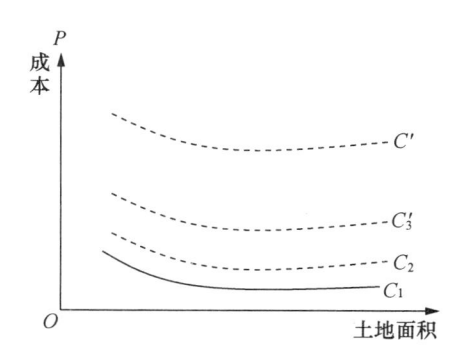

图 1-8 雇工式的粮食生产模型

根据《全国农产品成本收益汇编资料》公布的数据，图 1-9 描述了水稻和小麦生产中每亩人工成本的变化趋势，水稻的每亩人工成本从 1978 年的 30 元左右上涨到 2012 年的 426 元，小麦的每亩人工成本从 1978 年的 25 元上涨到 291 元，尤其是在 2004 年以后，上涨速度（斜率）明显增加，可见，现在农村进行农业生产的人工成本已经相当高了，因此如果农户家庭依靠雇工从事粮食生产，其成本将是极大的，粮食生产的净收益将十分有限。

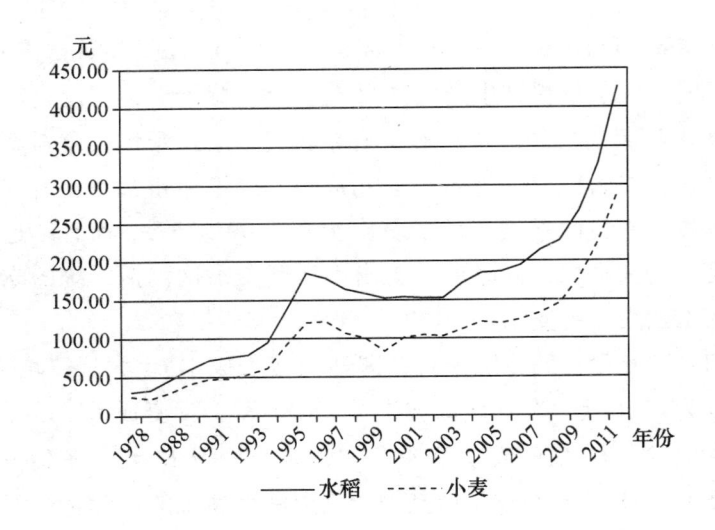

图 1-9　农业生产的每亩人工成本上涨趋势

资料来源：2013 年《全国农产品成本收益汇编资料》。

（三）自家购买机械的粮食生产方式

既然雇工成本太高，那么农户家庭是否可以自己购买农业机械来替代劳动力呢？中国传统农业经营模式以农户家庭为生产单位，如果单个农户家庭购买机械，一台收割机的市场价格在 10 万—15 万元，二手的收割机价格在 7 万元左右。如果单个农户家庭购买收割机用于自己 6 亩耕地的使用，每亩的成本无疑也是十分昂贵的。假设单个农户购买收割机用于粮食生产的成本为 C_4，收割机既替代了自家的收割劳动，也替代了雇工劳动。由于收割机价格过高，此

时 $C_4 > C_2 + C'_3$，整个粮食生产工序的总成本变成 $C'' = C_1 + C_4$，且 $C'' > C' > C$。图 1-10 反映了劳动力价格上涨后，单个农户家庭购买收割机的粮食生产模式。

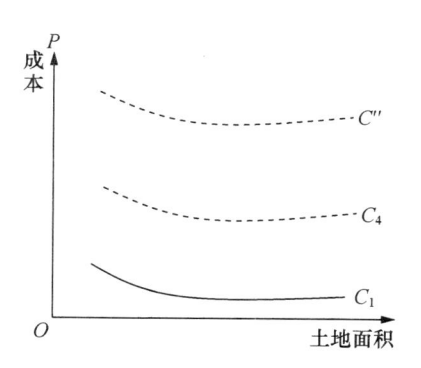

图 1-10　自家购买机械的粮食生产模型

如同拉坦（Ruttan，2001）所说，单个农户家庭购买机械用于农业生产的某一个生产环节，其资产专用性太大，单个农户购买收割机以后，只能在粮食成熟季节里的几天内使用，其他时间都会将收割机闲置在家，所以，会造成资源的极大浪费。显然，单个农户购买收割机用于自家的粮食生产，就不可能实现。

是否可以由几个农户家庭联合起来购买收割机，然后共同使用呢？这样每个农户家庭购买机械的成本就会下降。但是，涉及固定资产的所有权问题，这个协商和使用监督的交易成本过于高昂，同时还涉及机械的保养和维修，这些费用分配涉及的交易成本过大，所以，存在诸多不确定性，很难在市场中实现这种联合购买的方式。

（四）机械化服务"外包式"粮食生产方式

2004 年以后，农村开始广泛出现大型联合收割机机械化收割服务，农民可以将小麦和水稻的收割环节外包给这些专业从事跨区作业服务的农机手。这种外包生产模式是否对农户家庭比较有利呢？

为了详细说明这个问题，对"外包模式"和"雇工模式"粮食生产进行成本的比较研究，笔者调研了湖北荆州多家农户，其中具有代表性的是荆州市松滋区大兴院村龚××家，以下以案例方式进行阐述。

案例：湖北荆州市龚××家的粮食生产

龚××家共有5口人，他和妻子、一个儿子和媳妇，还有一个女儿。户主龚××48岁，儿子29岁。全家共有5亩水田和5亩旱田（每亩660平方米），这些田只有其妻一个人在家耕种，他在江西给某渔业公司养鱼，一个月3000元的工资。他儿子、媳妇和女儿都在城市里打工。

我们问到他为什么不在农村帮妻子干农活，同时在农忙季节帮其他农户干活赚工钱？他说，妻子在家完全可以将自己家的田种好。如果他留在家里，帮其他农户干活所得收益远远低于在外打工的收入，所以，他宁可到外打工。另外，他觉得即使留在家里，也没有太多的农户来雇用他去干活，因为每个农户家庭的土地面积都比较少。农闲季节时，劳动较轻的粮食生产工序，妻子都可以自己干完，农忙时期劳动繁重的生产工序则依靠跨区作业的农业机械完成，比如耕田和收割等工序。即使农闲时，劳动较轻的生产工序，比如施肥、锄草等，也可以请邻居来帮忙，因为这些工序对时间的限制不大，早几天或者晚几天都没有关系，可以先请邻居帮忙，等自家弄完以后再去帮邻居干活，这些劳动较轻的工序就能够以"互帮互助"的形式完成。

他家的5亩水田种稻谷，在传统"互帮互助"的生产模式下，需要请7个邻居或者亲戚朋友，在1天时间内，从早上8点干活到晚上6点，才能完成收割工序。而现在雇工需要通过直接支付工资的形式，按照每个人100元/天的工资计算，则支付的工资等于700元（1天×7人×100元/人）。此外，稻谷脱粒还要聘请专业的脱粒机，费用大概是200元。这不算生活开支，每天生活开支大约是200元，这包括买菜和烟酒的花费，

第一章 劳动力价格上涨对农业机械的影响 | 19

所以，雇工收割和脱粒的总成本等于1100元（700＋200＋200）。

如果将收割和脱粒外包给提供机械化收割服务的农机手，在2个小时内，专业农机手就能够将5亩稻谷完全收割，并同时脱机装袋。按照每亩收割价格70元计算，5亩水田稻谷收割和脱粒的机械化服务成本等于350元。

通过龚××家的情况可知，农户采取外包方式来进行粮食生产，相对于雇工模式而言，成本将大幅度下降。同时，也减少了农户自家劳动力的支出，替代的劳动力可以外出打工，这样就产生了额外的收益。

假设农户家庭将粮食生产的收割和脱粒工序进行机械化外包收割，其成本为 C_5，此时 $C_5 < C'_3 < C_4$。此时，整个粮食生产的总成本为 $C''' = C_1 + C_5$，且 $C'' > C' > C'''$。图1-11反映了农户家庭外包收割工序的粮食生产模式。

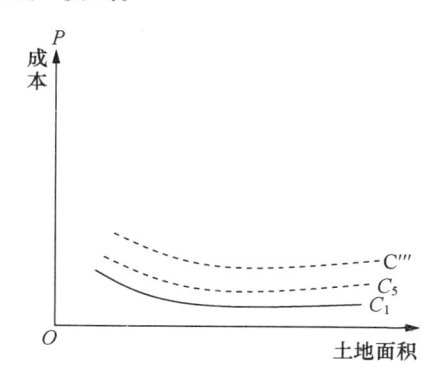

图1-11 外包式粮食生产模型

过去，需要农户家庭完成全部生产工序的生产模式，因为农业机械化服务的出现，农民只需要完成劳动较轻的工序（插秧和锄草），较重的生产工序被跨区作业所替代（收割和脱粒），最终实现了单个农户农业生产的劳动分工。图1-12反映了中国农户水稻和小麦种植的变迁过程。

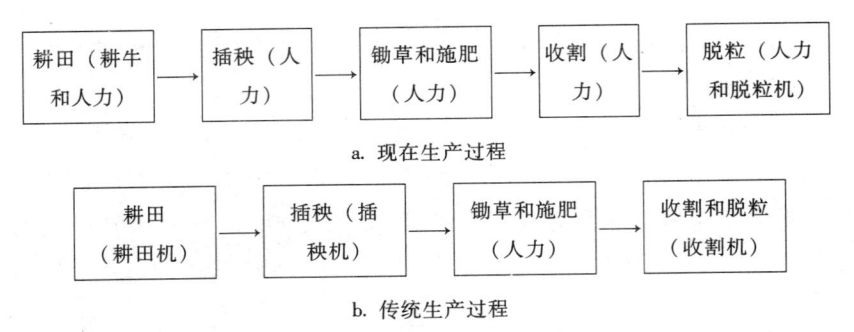

```
耕田(耕牛    插秧(人     锄草和施肥    收割(人     脱粒(人力
和人力)  →   力)    →    (人力)    →   力)    →   和脱粒机)
```

　　　　　　　　　　　a. 现在生产过程

```
耕田         插秧(插      锄草和施肥      收割和脱粒
(耕田机) →   秧机)   →    (人力)     →   (收割机)
```

　　　　　　　　　　　b. 传统生产过程

　　　　　　图1-12　中国农户水稻和小麦种植的变迁过程

（五）结论

　　从以上四种粮食生产模式的对比研究可以看到，随着劳动力价格的不断上涨，传统的"互帮互助式"、"雇工式"、自家购买农业机械都不是单个农户的帕累托最优决策，只有将收割工序外包给提供机械化服务的专业农机手，对农户家庭才是成本最小的选择，减轻了农户家庭自己的劳动投入，减少的劳动投入又可以获得其他收入。所以，从理论角度看，外包是当前农户的"帕累托"最优选择。笔者在湖北、安徽和江苏等地的田野调查中，也验证了该假设，几乎所有农户家庭都已经实行了粮食生产收割工序的外包。

　　2013年，笔者与农业部固定观察点办公室合作进行专项农业机械化问卷调查，样本地区包括河北、辽宁、江苏、安徽、福建、江西、山东、湖北、湖南、四川和陕西共11个省份，总样本量为1100户。问卷调查以后，经过数据清理和核查，有效样本为857户。相对于2011年四川省农户调查数据而言，2012年农业部固定观察的机械化专项调查最大的特色是分生产环节进行了机械化服务的调查，主要包括耕田、播种和收割三个环节。根据笔者在农村的田野调查，农业生产收割环节的机械主要是大型联合收割机，主要来源是县外的跨区作业服务方式；耕田环节的机械主要是小型的旋耕机，这种用小型拖拉机带动的旋耕机常常是村内部，或者邻村的机械；播种环节的机械主要是小型插秧机，来源主要是本地机械。收割环节既是劳动最为繁重的生产工序，也是工序时间最短的环节，因为一旦水稻和小麦成熟不及时收割，就容易减产；其次是耕田环节，播种环节则是劳动相对较轻的生产工序，对时间的要求也没有收割环节那样苛刻。由于这三个环节对劳动力需求有着较大差异，通过对比收割环节和其他两个环节，我们可以更为清晰地展示当前农业生产对机械化服务的需求状况。

问卷除了调查2012年的机械化使用情况，在调查中还请农户回忆了2008年的机械化使用状况。表1-5反映了水稻、小麦和玉米在耕田、播种和收割环节的机械化服务使用率。

表1-5　　水稻、小麦和玉米不同环节农业机械使用率

生产环节		水稻		小麦		玉米	
		使用机械比例	雇用机械比例	使用机械比例	雇用机械比例	使用机械比例	雇用机械比例
2012年	耕田	0.94	0.77	0.78	0.82	0.61	0.76
	播种	0.11	0.82	0.54	0.85	0.48	0.69
	收割	0.77	0.97	0.75	0.98	0.31	0.98
2008年	耕田	0.91	0.75	0.78	0.8	0.57	0.73
	播种	0.08	0.76	0.55	0.85	0.44	0.72
	收割	0.6	0.96	0.75	0.97	0.18	0.96

资料来源：2013年农业部固定观察点农业机械化专项调查数据。

在水稻三个生产环节中，耕田的机械使用率为94%，其中，雇用农业机械服务的比例为77%；播种环节的机械使用率只有11%，说明主要是人工播种，但是，在这11%的比例中，有82%是雇用农业机械服务；收割环节的机械使用率为77%，其中，雇用农业机械服务的比例高达97%。从时间上看，2008年各项比例略低于2012年。

在小麦三个生产环节中，耕田机械使用率为78%，其中，雇用农业机械服务的比例为82%；播种环节的机械使用率只有54%，其中，85%是雇用农业机械服务；收割环节的机械使用率为75%，其

中，雇用农业机械服务的比例高达98%。从时间上看，2008年各项的比例略低于2012年。

在玉米三个生产环节中，耕田机械使用率为61%，其中，雇用农业机械服务的比例为76%；播种环节的机械使用率只有48%，其中，69%是雇用农业机械服务；收割环节的机械使用率为31%，其中，雇用农业机械服务的比例高达98%。从时间上看，2008年各项的比例略低于2012年。

二 农村内部农业机械的供给分析

为什么中国农村会自发涌现了这种农业机械化服务？这背后的经济学机理是什么？

本章从农业机械化服务的供给角度进行分析。

首先，从理论层面进行经济学分析，研究农业机械化服务的供给市场在什么条件下才能够得以形成？揭示农业机械"跨区作业"模式是中国农业机械化服务市场得以形成的至关重要因素。

其次，以2011年和2012年江苏沛县田野调查资料为基础，对沛县的农业机械跨区作业发展历史进行案例分析，江苏沛县是中国农业机械跨区作业发展最早，也是发展最好的地区之一，对其进行案例分析可以为人们提供一幅丰富的农业机械跨区作业发展图景。

（一）农业机械化服务供给的经济学理论分析

经济学的核心概念是价格和成本，通过价格和成本分析市场是否有可能实现，以下也将紧紧围绕价格和成本这两个概念进行理论研究；主要借鉴阿克洛夫（Akerlof，1970）研究二手汽车市场为什么会存在的分析范式。为了简化分析，我们以小麦和水稻收割环节的机械化服务为例进行研究。

假设平均每户家庭的土地面积为单位1亩，按照传统耕种方式进行收割，每亩土地需要投入劳动力成本为w。如果使用农机跨区作业服务收割，每亩土地机械服务量为T，每亩土地的机械服务费用等于p。单个农户家庭对机械化收割服务D的需求方程：

$$\begin{cases} D = T, & \text{if} \quad p < w \\ D = 0, & \text{if} \quad p \geq w \end{cases} \tag{1.1}$$

方程（1.1）可归纳为以下两个基本假设：

假设1：当每亩农业机械化服务价格小于每亩劳动力成本时，农户使用机械。

假设2：当每亩农业机械化服务价格大于或等于劳动力成本时，农户使用劳动力。

假设提供农业机械化服务的农机手购买大型联合收割机的固定成本为c_0，每年在农忙季节能够为m个农户进行收割。提供农业机械化服务的可变成本为c_1，其中包括柴油费用、机械维修费用和生活费用，随着为其他农户服务的数量m单调递增，柴油、机械维修和生活费用都将必然单调递增（$c_1 = \alpha m$）。专业农机手提供农业机械化服务 S 的供给方程：

$$\begin{cases} S = mT, & \text{if} \quad p > c_0/m + \alpha \\ S = 0, & \text{if} \quad p \leqslant c_0/m + \alpha \end{cases} \quad (1.2)$$

方程（1.2）可归纳为以下两个基本假设：

假设3：当每亩农业机械化服务价格大于农机手的每亩机械收割成本时，农机手将提供农业机械化服务。

假设4：当每亩农业机械化服务价格小于或等于农机手的每亩机械收割成本时，农机手将不提供农业机械化服务。

联合解方程（1.1）和方程（1.2），只有在$c_0/m + \alpha < p < w$时，市场才有可能出现农业机械化服务。由于每个农户单位土地面积不变，市场均衡的实现关键取决于农机手在农忙季节能够找到多少农户为他们提供收割服务，即m的大小。假设供给和需求同时满足时，$m = m^*$，即$c_0/m^* + \alpha = p$。

季节性劳动是农业生产一个非常重要的基本特征，农业生产各个工序都受季节的影响，比如收割工序常常集中在一个很短的时期内，大约在水稻或者小麦成熟后不到一个星期之内就必须收割，因为担心害虫、雨水以及倒伏等影响而减产。

农民购买大型联合收割机以后，尽管可以在本地为当地农民进行收割，但是，由于一个地区的收割时间基本相同，所以，在当地有限的收割时期内，很难找到足够多的农户为其收割，即$m < m^*$。

此时，农机手们不会去购买大型联合收割机提供收割服务。

然而，中国是一个幅员辽阔的国家，各个地区的气候和种植习惯存在巨大差异。比如，在中国北方常常实行每年种植三轮粮食作物（如早稻、中稻和晚稻），而在中国南方常常只种植一轮粮食作物。通过利用不同省份的不同作物成熟时间差异所形成的收割时间梯度，农机手们就能够进行跨区作业提供收割服务，从而扩大了 m。图 1-13 描述了这个过程，图中，横轴为收割亩数，纵轴为成本，农机手在提供作业服务时，随着 m 不断增加，每亩的机械成本就会不断下降，只有当 $m > m^*$ 时，农机手每亩的机械成本 c 就会小于农业机械化服务价格 p，这样农机手就开始赚钱。此时，农业机械化收割服务的供给市场就能够得以形成。

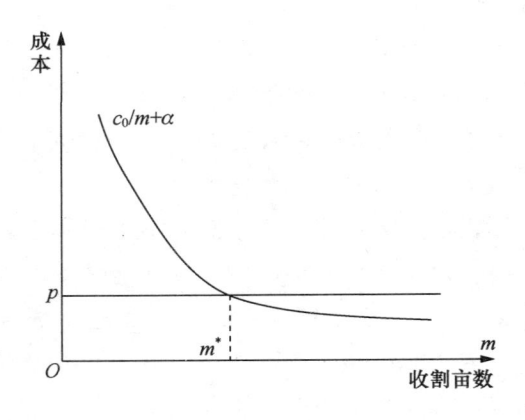

图 1-13　农机手的成本收益

由此可见，"跨区作业"这种模式是中国农业机械化服务出现的关键，正是因为跨区作业使专业农机手获得足够多的收割亩数，降低了农机手提供服务的每亩机械成本，才使中国农业机械化服务市场得以实现。

随着农业机械跨区作业模式的出现，单个农机手能获得的收割亩数 m 不断增加，农业机械跨区作业收割服务成为可能，中国粮食生产的劳动分工才得以形成，这个原理正是斯密在《国富论》第三章所论述的观点：劳动分工受市场规模的限制。当市场规模越大时，劳动分工成为可能，当然这个观点也被施蒂格勒（1951）进一步阐述了。

以上原理也可以解释日本在20世纪90年代出现劳动力短缺时农村为什么没有自发涌现农业机械跨区作业。因为日本国土面积太小，农业作物种植差异不大而导致收割时间差异小，不足以形成足够大的收割时间梯度，所以，在90年代日本制造业迅速发展导致劳动力短缺时，日本农业依然无法自发出现农业机械跨区作业这种的劳动分工模式。

（二）江苏沛县农业机械跨区作业的案例分析

经济学理论层面和实证层面的分析虽然能够在因果关系上提供较为直接的证据，但是往往缺乏对现实的生动描述，这也是经济学相对于社会学和人类学的劣势。事实上，社会学和人类学的直接讲述方式或者说案例分析的方式，常常也具有重大的社会科学价值，比如费孝通教授《江村经济》的详细记录，直到今天依然具有重大的社会科学参考价值。

为了详细了解中国农业机械跨区作业的发展脉络，笔者通过2011年中国农业部的介绍，以田野调查方式走访了江苏沛县，本节将通过案例分析来描述江苏沛县的农业机械跨区作业发展史（杨进、郭松和张晓波，2013）。

江苏沛县既是目前中国农业机械跨区作业发展最好，也是发展最快的地区之一。江苏沛县公路四通八达，境内通车里程1300公里，自然形成连接鲁南、皖北、豫东和苏北的交通枢纽。现有16个乡镇，共有36个农机合作社，平均一个镇有两个农业机械合作社，靠近沛县县城的沛城镇现有7个农业机械合作社。这些合作社大部分是由农民自发成立的（其中35个合作社是自发形成，只有一个合作社是由政府农机部门组织成立）。沛县农机跨区作业主要以水稻和小麦联合收割机为主，截至2013年，全县联合收割机数量为2100台左右，其中进行跨区作业的有1000多台联合收割机（日本生产的高性能"久保田"半喂入式联合收割机350台左右）。

1. 沛县农业机械跨区作业起源

沛县农机的跨区作业开始于1998年，但是，从1997年县农机局领导就已经开始了全县范围内的动员和宣传。首先是在县内所有乡镇中选择8位农机技术服务站站长，跟随农机局领导一起去山东潍坊考察联合收割机的生产，到河南、安徽、山东、天津、河北等地考察农民的农业生产，跟当地农机局进行座谈和沟通，看是否需要农业机械化服务。考察完以后让各乡镇农机技术服务站站长推广经验，引导农民自愿购置联合收割机。1997年，只有极少数农民购买联合收割机，没有进行跨区作业，只在江苏省内提供机械化收割服务。比如沛县封心正社长1997年购买了机械，当前在本省提供机械化收割服务，赚了4万多元。1998年农机局领导再次带着有购买意愿的农民去山东潍坊考察联合收割机的生产企业，去河南、安徽等地实地考察当地农民对收割服务的需求，比如1998年刘社长就是跟着去考察，通过考察觉得能够赚钱，才决定购买收割机。

沛县农机局通过一年的宣传和引导，1998年组成一个近50台联合收割机的队伍（当时是全喂入式新疆2号和福田联合收割机），由县农机局叶昌立副局长带队去河南驻马店等地开展跨区作业（农机局在队伍前面安排引导车，在后面安排押队车），所有50辆车按同一条路线前进作业。1998年5月出行，6月回到江苏，跨区作业历时一个月，刘社长和封社长两位社长第一次跨区作业赚了6万多元。这笔收入在当时非常可观，因为在1998年中国农民年人均收入不到3000元。所以，沛县当地农民看到如此赚钱，都开始纷纷投入农机跨区作业事业当中，从此沛县农机跨区作业队伍就开始不断壮大发展。

案例：沛县农机手的带动效应

刘社长是1998年最早买机械的第一批人之一，当时国家还没有出台农机信贷服务，一台机械大约8万元，他自己凑了大约3万元，找亲戚朋友借了大约5万元，购买了一台全喂入式的联合收割机。一台机械由4个人组成，2个专业驾驶员（为了与普通驾驶员相区分，以下简称为"农机手"）轮流操作，1个人丈量土地和收费，1个人装卸粮食。当时刘社长雇用他的亲戚班先生当驾驶员。在1998年跨区作业的路途中，班先生看到这项事业可以赚钱，1999年就不再帮刘社长，而是自己找亲戚凑钱买了一台联合收割机。经过这么多年的发展，班先生如今也成为社长，也带动了一大批亲友和邻居发展起来。

1998年，由沛县农机局带队只跨区了一个月，主要是因为当时联合收割机的质量差，性能不稳定。2002年，高性能半喂入式久保田机械的出现，沛县农机手们就开始在全国13个省份内进行跨区作业，路线更长，时间更久，一般从4月连续到11月底。[①] 根据2014年对刘社长的采访，小麦和水稻的跨区作业路线分别介绍如下：

小麦跨区作业从4月初开始到7月初，路线为：四川—陕西—湖南—湖北—江苏—山东—天津。

水稻跨区作业从7月中旬开始到11月底，路线为：湖南—湖北—四川—陕西—江苏—上海—内蒙古—辽宁—吉林—黑龙江—江苏—广东—广西。

2. 沛县农业机械合作社的发展

2006年10月31日国家颁布《中华人民共和国农民专业合作社法》，2007年7月开始正式实施。2007年之前，沛县没有合作社；2000—2007年，由沛县农机局组织，按照所有购买联合收割机的农户家庭所在地理位置（乡镇、村），将他们划分成不同的小组，按照小组的形式外出跨区作业。

2008年在农机局指导下，拥有机械的农民开始成立合作社，比如某乡镇的100台收割机手联合成立一个合作社，带头人一般就是最早的那批跨区作业的人当社长，因为他们既有经验、又享有声

[①] 为什么会如此长时间？各个地区由于纬度和经度的差异，而造成的温度差别，使各地区水稻和小麦的成熟时间并不一致。而且各地区的种植习惯也有所不同，比如有的省份种早稻，有的种中稻，还有的种晚稻，这样就造成了全国31个省份之间水稻和小麦收割时间的很大差异，因此农机手们可以根据这些时间差异选择合适路线以确保有活干。

望。外出跨区作业时，一个合作社的所有农机手都是按同一条路线前进，但是到外省具体的某一个地方（县），各小组成员就会按照年前签订合同独自作业。白天作业完，晚上由社长召集回到某个地方聚集过夜，以保障安全。第二天再次集体出发。

合作社成立前后，农机跨区作业组织方式是没有太大变化的，2008年以前是团体形式，2008年以后也是团体形式，只是2008年多了合作社一块牌子。调研过程中，社长反映尽管没有明显的变化，但是，有合作社的证书拿在手里，出去作业时感觉底气更足，认为是国家认可的。

合作社的成立对农机手的实质性益处在于，可以以合作社名义进行抵押贷款，并有优惠政策。除了国家的农机跨区优惠政策，江苏省政府还专门针对农机合作社出台了补助政策，只要农机合作社建了库房，就可以申请国家补贴。根据规模的大小可以申请3万元、5万元、7万元、10万元不同额度。

案例：库房补贴

朱社长2010年建了一个较大库房，机库（含配件库、油库和维修间）建筑面积达到510平方米左右，当年建造时出资14万元，建成后向省财政申报，获得省里10万元补贴。这个库房内既可以存放社员机械，也可以进行机械的调试、安装、维修和保养。

3. 沛县农机手和小工的劳动力市场发展

沛县当前有2100台联合收割机，每台机械平均由4个人组成，2个农机手和2个小工，算下来劳动力队伍就有8000多人。沛县农机跨区作业的劳动力市场是如何发展起来的？

农机手是技术性劳动力，1998年开始沛县农机局就办起了联合收割机的技能培训班，组织下属部门农机服务站开展免费的联合收割机技术讲座。当年购买机械最早的一批人，都是自己去培训，并拉上亲戚帮忙，让亲戚们也去培训，帮助做农机手。比如刘社长当年就是自己和亲戚班先生去培训获得农机驾驶证,一起进行跨区操作。农机手的驾驶培训一般需要2个月,通过考试就能够拿到驾驶证。据刘社长反映,1998—2000年,沛县农机手劳动力市场并没有建立起来,大家都是靠亲戚帮忙。

2001年开始出现专业的农机手劳动力市场。2001—2008年,农机手都比较容易找。但是,近些年来,就不好找农机手了。根据访谈,这主要是因为过去劳动力外出打工的机会不是特别多,而且外出打工的收入不高,很多沛县本地农民在没有其他非农就业渠道的背景下,很愿意进行农机手培训,当农机手挣钱。2008年以后,沿海地区的迅速发展,造就了无数非农就业的机会,所以,很多农民就不愿意再做农机手挣钱,而是外出打工挣工资。跨区作业时间一般从4月开始到11月结束,大约7个月,农机手工资从出发那天开始算,一直到回来,每天无论是否作业,机主都要给农机手支付工资。农机手工资随时间也呈现很大的变化,1998—2003年是30元/天、2004—2007年是50元/天、2008年是100元/天、2009—2010年是150元/天、2011年达到200元/天。跨区作业回家以后,从当年12月休息至次年4月,有的农机手便去从事打短工挣钱。

小工是非技术性劳动力,主要从事价格谈判、土地丈量和装卸粮食。一般一台联合收割机配备1个或者2个小工(轮换装卸粮食)。高性能联合收割机接粮食是比较累的劳动。早些年小工一般是家里人承担。后来也逐渐开始雇用小工。小工的工资要比农机手低,主要因为技术含量低。比如2011年农机手的工资是200元/天,小工的工资是150元/天。同样,根据访谈,前些年小工容易找,近些年不好找了,主要是其他行业的非农就业工作机会大量出现,而且工资也不低。

4. 跨区作业机械维修和零配件供应

农业机械跨区作业中,机械维修是一个非常重要的问题,因为如果在外地农村作业时,比如在田间,附近根本没有机械的维修站点,一旦出现机械故障,无法迅速解决,将直接影响跨区作业的效率。

1998年第一次由叶局长带队跨区作业时，农机手们都没有维修经验，维修工作主要依靠跟着跨区作业的农机技术服务站的机械维修人员，以及新疆2号和福田生产厂家的服务人员组成服务车队外出保驾护航。由于是第一次，1998年农机厂家的服务车队配备了足够的维修服务人员和零配件，1999年也是如此。

2000年开始，经历了两年跨区作业的农机手有了经验，对维修技术都有一定掌握。另外，联合收割机生产厂家的服务车队有时也会跟着，农机手和服务车队都带有零配件。所以，2000年在外跨区作业的机械维修不存在太大问题。根据社长们反映，在高性能联合收割机的跨区作业过程中，基本不会在跨区作业当地的维修部门和零配件供应点进行维修，因为在外地维修成本太高。

案例：外出机械维修的协同解决

封社长是1998年最早购置联合收割机的，1998—2001年，封社长使用的是国产全喂入式联合收割机。在2002年市场上开始出现半喂入式高性能久保田联合收割机后，封社长立马就购买了，并带动本乡其他农民购买高性能久保田机械。经过几年发展，他们合作社已经完全由高性能久保田联合收割机组成，并成为全国农机示范合作社和江苏省五星级农机合作社。目前，他们社共有100台久保田的联合收割机。社员根据家庭所住的地方远近，各自再组成小队。在跨区作业时，所有社员都是按合作社统一的一条路线走的，但是，每到一个地区，所有社员就以小队形式分散开来，各小队会按照各自合同独自进行机械作业。

比如每个小队10辆车，这个小队所有成员都会各自携带零配件，而且每个车所带的零配件不一样，大约10辆车各自带的零件差不多可以组装1台久保田联合收割机的核心部位。当这个小队的成员一旦发生机械故障，就可以立即通过小队内部的协调更换零配件。

但是，如果小队同时两部车发生故障怎么办？封社长说，他们合作社分成10个小队，10个小队带的零件就能组装10部久保田联合收割机，所以，一旦一个小队里有两部车坏掉，就可以在小队之间进行协调。这样，他们合作社里就不存在机械故障无法维修情况。除非是发动机坏了，就直接给厂家打电话，让厂家送。另外，关于维修技术问题，由于封社长多年来的实践，早已完全掌握了维修技术，对于久保田联合收割机，他已经能够完全拆卸和安装，并且他们合作社里也有大量这样有经验的社员，所以，"个人+团队"，几乎可以完全解决跨区作业的机械维修问题。

机械保养十分重要，每年农户平均花费5000元以上进行收割机保养，在与朱社长的访谈中了解到，农机手4月外出跨区作业前，在3月会进行收割机的全部维修和保养。保养时，会将所有的零部件进行拆卸，然后清洗，并将所有老化的零部件进行更换。经过这样的整体保养后，在外跨区作业一年内就基本上不会出现重大机械故障。有些农民是自己保养，有些合作社自己建有库房，大部分社员就到合作社库房进行保养。只有遇到很大的疑难问题，才到徐州市内大型联合收割机生产厂家驻点进行维修和保养。

沛县本地机械维修点和零配件供应也有很多，一般店面都可以进行联合收割机的维修，也销售大部分零件。这些维修点主要是1998年以前的机械维修站点，过去，从事手扶拖拉机等小型机械的维修。后来，随着沛县联合收割机的兴起和发展，这些维修人员逐渐学会了联合收割机的维修技术。

5. 外出跨区作业生活问题

跨区作业活动范围都在农村，没有旅馆住，农机手们出发前会制作能休息的"小木头箱子"，在干完一天活后，就躺在木头箱子里睡觉休息。但是，这种木头箱子一般只能容纳1—2个人。有时农机手们就直接躺在机械操作室里休息，或者在地上铺一点东西直接睡觉。吃饭的问题，农机手也是自带可以烧饭的简单炊具，干完活在野外支锅做饭。

生活方面，跨区作业极其辛苦。可以毫不夸张地说，从事跨区作业的农民完全是风餐露宿。这也是为什么很多人看到购买机械进行跨区作业能够赚较多的钱，但不是所有人都愿意吃苦去从事跨区作业的原因之一，同时也是2008年以后，很多人不愿意去干农机手和小工的工作、宁愿外出打工挣钱的原因。

6. 跨区作业收割市场竞争问题

根据调查，2004年以后各个地区的农机跨区作业都得到了迅速发展，比如，山东、河南、河北、安徽等地区都已经形成较大规模的跨区作业集群。那么，农机手们在外地跨区作业时，不同地区的农机队伍会不会形成市场竞争，发生市场竞争了怎么处理？

据社长们反映，1998—2003年，沛县农机手外出作业基本上不会碰到竞争，农机小队每到一个农村，村庄内都存在大量需求让农机手们去收割。甚至在东北地区，很多黑势力会在高速公路上阻截收割车队，让车队到他们的地方去帮忙收割。在需求远大于供给的情况下，那段时期内几乎没有发生市场竞争事件。当山东、河南和安徽等地的联合收割机开始发展进行跨区作业以后，沛县的农机手们就开始遇到竞争问题。2003—2005年竞争比较多。但是，那几年农民的收割需求还是很大，所以，竞争问题不是太严重，避一下就可以了。在2005年以后，经过几年的磨合，各地农机车队都形成了比较固定稳定的作业区域，并因为与当地的农民多年的合作，构建了比较稳固的关系，所以竞争事件比较少。

案例：刘社长和朱社长谈如何处理竞争问题？

两位社长说，近几年开始逐渐有竞争的情况发生。比如沛县农机手先到一个农村，开始作业，谈好价格70元/亩。但是，刚作业完两家农户，某省的车队也到了这个村内。他们的车队看到沛县的农机手正在作业并收取70元/亩，他们车队就收取60元/亩。沛县车队没有办法，只能降价，也收取60元/亩。如果不降价，其他农户就不会找沛县的机子作业。当该村作业差不多快完，就赶紧往下一个村。两位社长说，即使在作业过程中与其他车队竞争，产生纠纷，但是不会持久，因为农机手们都懂得不能为小小的纠纷而浪费时间。所以，竞争问题一旦出现，就一个字：避。尽快离开，前往其他地方寻找新的机会，不会浪费时间。

早年由于各地农村机械收割的需求远远大于机械收割的供给，沛县农机手们每到一个农村内，常常被拉着连续收割4—5天，而现在其他省份的农机跨区作业也逐渐发展起来，沛县农机手们在一个村庄内常常只待2—3天就要转移，寻找新的村庄收割。

在合作社内，社长与社员外出跨区作业劳动基本上没有差别。社长与社员的差别主要体现在组织和协调层面。社长有很重要的一项工作，就是每当跨区作业回来后，社长都会组织社员外出去考察新的地点，签订作业合同。当然，由于常年跑相同的路线，很多农村已经基本熟悉了，所以这些熟悉的合同都比较稳定。小农户口头合同比较多，农场书面合同比较多。封社长说，如果某村庄决定第二年不用封社长的机械收割，而采用其他车队的机械收割，一般也会打电话。这样，社长就会胸中有数，也就避免了竞争问题。可见，由于合作社常常多年按照大致相同的路线，经过大致相同的村庄，这些年与当地村庄的农民打交道，朋友关系的积累使他们获得大量市场信息，通过电话沟通或合同约束，使他们降低市场竞争风险。所以，采访了5位社长，都谈到市场竞争不是太大的问题。

7. 沛县地方政府的作用：减少交易成本

远距离从事经济活动，常常需要冒很大不确定性和风险。因为对未知市场的开辟，存在大量的信息缺失，而信息缺失无疑会给经济活动带来大量的交易成本（Akerlof，1970；Greif，1993；Coase，1937；Williamson，1979）。Yang 和 Borland（1991）研究了交易成本对分工的影响，从理论上发现当交易成本过大时，将会阻碍劳动分工的发生。贝克尔和墨菲（1992）进一步细化了交易成本，提出"协调成本"概念（Coordination Cost）。协调成本是指由于分工造成了不同工序的专业化劳动力,如何将这些不同工序的劳动力有效地组织起来共同协作,便产生了调协成本。

中国跨区作业发展同样存在协调成本。在跨区作业发展之初,沛县农民并不了解哪些地区需要农机收割服务,哪些地区的农民会种早稻、中稻或者晚稻,以及这些不同地区之间收割时间的差异。如果没有掌握这些信息,沛县农民就无法确定是否跨区后能够完成足够的收割亩数,从而降低购买联合收割机的使用成本,获得正的收益。当这种不确定性足够大时,将会产生巨大的交易成本,严重阻碍跨区作业的出现(奈特,1921;威廉姆森,2002)。

一台联合收割机价格20万元,而1997年中国农村居民人均收入仅为2090元,一旦购买机械亏损,农民将无法偿还。罗马塞特(Roumasset,1976)认为,发展中国家的农民经济行为遵守"安全第一的拇指规则"(Safety First Rules of Thumb)。按照这个逻辑,如果不降低这些不确定性,从事传统农业生产的农民无法转变成为从事跨区作业的专业农民。此时,当地政府的集体行动就成功地解决了这个问题,降低了集体合作时由贝克尔和墨菲(1992)所提出的协调成本,将从事跨区作业的农民与其他农村地区需要跨区收割服务的农民结合起来,最终使沛县集群式的农机跨区作业得以出现。

跨区作业开展14年来,沛县农机局保驾护航,深入持久地做着相关配套服务工作,包括每年沛县农机局领导会主动代表本县农机手们与外省地区政府部门签订作业合同。农机手们在外作业时遇到任何问题,农机局都会与当地相关政府部门进行沟通,第一时间进行协调,若是电话沟通无法解决,常常亲自驱车赶赴现场与当地政府协调解决。这包括高速公路上发生的拦截,无理由的乱收过路、过桥费和在跨区作业地发生的各种纠纷等。

最近几年,农机局与沛县移动公司联合,建立了"平安农机通"服务平台,经常免费发送实用农机跨区信息,并给予沛县跨区作业农机手们极低的收费,开通跨区电话畅聊绿色服务,使农机手能随意拨打电话或发短信直接沟通,这一方面为农机手们降低了通信成本,另一方面又使农机手们能够在外跨区作业时保持更紧密的联系。

在合作社的建设方面，农机局的领导也进行了大力的扶持工作。在每年农机手们跨区回来，农机局还会召开专门的会议，听取农机手们在外所遇到的一系列困难，然后根据需要提供相应的服务，同时，还对在跨区作业过程中出现人机伤亡事故的机手进行走访慰问。在访谈中，社长们都谈到，如果没有县农机局领导的大力支持，沛县的农机跨区作业是发展不起来的。

需要回答另一个问题：为什么沛县农机局官员会做如此多的工作？中国政府官员升迁以在任期间所做工作为最重要考核标准，这也给农机局官员带来直接激励。另外，沛县是一个县级地区，而在县级地区长期保持一个独立的局级单位，在财政和行政人员编制上无疑有难度，只有该部门能够发挥重要作用，才可能继续保持独立编制，否则农机服务部门容易被直接合并到农业局。这也为沛县农机局官员提供了一定激励。

8. 沛县跨区作业组织形式：降低安全风险和可变成本

在跨区作业过程中交易成本还体现在各个方面。其中，远距离作业的安全问题是重要的一环。如果农民购买机械单独外出作业，一台机器只有4个人，在外跨区作业长达7个月，如果遇到危险，将很难处理。1998年和1999年外出跨区作业时，有县农机局官员车队全程护送，为跨区作业的农民提供了极大的安全保障。然而，从2000年开始县农机局不再派车跟踪保护，为了克服单个农机手跨区作业的风险，县农机局根据已购买联合收割机农民的家庭地理位置，将他们分成不同的小组（每个小组平均有10台机械，每台机械有4个人，一个小组平均有40人），并选择有丰富跨区作业经验的农民担任小组组长。

每年跨区作业时，同一组的成员都会按照相同路线出发，在路途中一旦遇到危险，小组成员之间就可以相互帮助。而到达某一地区时，所有的小组成员分开各自寻找村庄作业，避免小组内部成员之间的竞争。而晚上，所有小组成员又共同聚集在一起休息，这样，在晚上休息时又保障了安全。休息完，第二天又集体出发。

以小组形式进行运作，除了在安全方面可以更好地得到保障，在收割机协同维修方面同样对农民大有帮助。远距离外出作业，单个农民不可能携带过多零件。而以小组形式，一旦组员出现零件故障，当自己携带零件不够时，可以向临近其他组员寻求帮助，可以较快解决问题，然后到达城市后再进行零件补给。这无疑提高了维修效率。机械故障的快速排除，意味着专业农民可以获得更多时间提供作业服务，获得更多的收入。

第四节方程（1.2）提示，良好的组织方式将减少 α。这意味着，如果市场中有其他竞争者也提供跨区作业服务时，沛县农机手通过小组可以获得更低的成本，即沛县农机手将具有比较优势，能够使他们在市场中更具有竞争力，这也是沛县跨区作业发展远比中国其他地区发展更好的原因。

9. 沛县跨区作业成本收益分析

2012年3月对沛县进行了问卷式调查。从沛县31个农机合作社中随机选取了8个合作社，对社员进行访谈，共获得124份有效问卷。表1-6描述了从事跨区作业的专业农民在2011年的成本和收入。沛县农民从事跨区作业2011年的收入达到9万元。这远超过了从事农业的收入［根据《中国农村统计年鉴》（2012）计算，2010年中国农民的人均收入为5919元］。跨区作业的维修和保养费为20000元，工资费用支出为50000元，跨区作业亩数为2000亩。

表1-6　　　　　2011年沛县农机跨区作业成本与收益

	中值	样本量
净收益（元）	90000	103
总成本（元）	142000	—
维修保养费用（元）	20000	102
工资费用（元）	50000	87
电话费用（元）	2000	103
生活费用（元）	30000	65
柴油费用（元）	40000	89
跨区作业数（亩）	2000	89

资料来源：根据沛县农机跨区作业调查数据计算。

对比从事农业生产所得收入可以发现，沛县农民从事跨区作业可以获得高额的收入，但是需要注意的是，购置一台大型联合收割机需要支付大约 20 万元，如此高的前置成本并不是所有农民都能负担的，这也部分地解释了为什么面临如此高的收入，并不是所有沛县农民都在从事农机跨区作业。

图 1-14 描述了沛县农民提供机械服务时，每亩作业总成本与作业亩数之间的关系。① 很明显，随着作业亩数增加，每亩平均总成本不断下降，与我们在上一节构建的理论模型相吻合，即市场规模的扩大能够有效降低单位，这凸显了斯密和施蒂格勒所强调的劳动分工受到市场规模限制的理论。

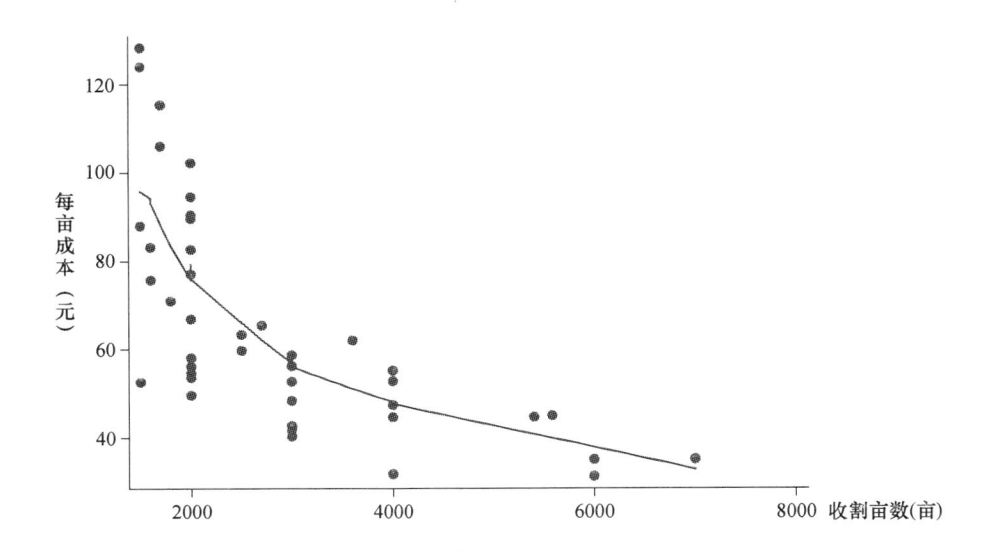

图 1-14 跨区作业单位成本与作业亩数

资料来源：笔者调查。

10. 沛县跨区作业目前面临的困境

沛县未来的跨区作业发展状况会如何？跨区作业之所以实现，

---

① 每亩作业总成本包括维修和保养费用、工资费用、电话费用、生活费用和柴油费用。

归根结底在于跨区作业使收割工序市场规模变大。但中国粮食收割环节的市场规模毕竟有一个限度，只能支撑一定水平的机械作业服务量。随着各地区跨区作业的发展，竞争将不可避免，一方面竞争导致单个机械的作业量下降，另一方面竞争也推动跨区作业服务价格的下降，这分别会降低从事跨区作业的单位机械成本和单位收益。沛县由于进行跨区作业的起始时间早，多年积累的跨区作业经验，使得沛县农民在信息和组织协调等层面占有优势，降低了沛县农民从事跨区作业的交易成本，使沛县农民具备了价格比较优势。尽管沛县跨区作业有一些优势，但困境依然存在，根据对农机手的调查，当前直接面对的困境主要有两个：

一个是柴油供应不足。柴油供应不足问题，是农机合作社社长和社员反馈的最大问题。尽管柴油供应问题最近已经得到了国家相关政府部门和中国石油化工公司的重视，但依然严重。社长们说，常常因为加不到柴油，无法出行。封社长提到，2006 年湖北省几万亩粮食没有及时收割而烂在地里，就是因为 2006 年的油荒，农机手们加不到油无法去湖北。2011 年浙江也是这样，因为 6 月油荒问题，很多外地收割机没能履约前往浙江，结果浙江一些地方发生了粮食成熟来不及收割现象，丰产却不能丰收，十分可惜。

据社长们反映，柴油供应不足的问题分为两种情况：第一种情况是加不到油，当地加油站看到外地联合收割机就说没油，不给外地联合收割机加，只给本地车辆加油。第二种情况是给加油，但是要收小费，否则就不给加。比如按正常价格加 1000 元的油，加油站要收 100—200 元小费，相当于给进行跨区作业的农机手们增加了额外成本。所有社长和社员提到柴油问题，无不痛心疾首，纷纷说只有把这个问题解决了，才能保障跨区作业顺利发展。

另一个是农机补贴的地区差异。在与社长们的访谈中总会提起国家实行的农机购置补贴政策。因为收割机价格高，国家的补贴金额对农民购买意愿影响很大。目前，国家对每台联合收割机的补贴力度在不同省份之间相差不大，但是，各个省份依靠地方财政自己累加补贴，使不同地区农民购买农机的补贴金额出现相当大的差异。

比如，2011年在山东购置相同的久保田联合收割机，除能享受3万元国家统一财政补贴以外，还能享受省财政3.5万元的补贴。而沛县农民购买农机只能享受3万元的补贴。因此，沛县的农民就会让山东省的农民帮助购买机械，通过给山东农民一定的好处费，转手买入后，运回江苏。这样就把全国的农机补贴政策和农机销售市场的正常秩序打乱了。这种行为会对全国各省农机发展水平的格局造成影响，并进而影响各省农业机械化水平。

由此可见，尽管国家为鼓励购买农机而进行了统一补贴，而地方政府根据自己的财政也进行补贴时，两者的联合影响，将导致各个地区呈现出不平等的发展状况。甚至会因此而扭曲各个地区的农机发展比较优势。比如，沛县因为有长期的跨区人力资本积累，要比其他地区更具备比较优势来发展农机跨区作业。而不同地方政府的财政补贴就抑制了沛县的这种比较优势，最终造成农机跨区作业整体的效率下降。因此，农机的补贴问题还需要中央政府和地方政府进行更多的沟通和协调，最后联合出台更好的购机补贴方案。

三 结论

结合理论和经验两方面的研究，通过对农业机械的需求和供给分析，研究结果表明：

在需求层面，随着劳动力价格上涨，传统的"互帮互助式"、雇工式农业生产方式已经不适应当前农村农业领域，因为劳动力成本太高，农户家庭只能采用农业机械来替代农业劳动力；而单个农户自己购买农业机械，其边际收益较小，而边际成本太大，所以也不划算。只有农村涌现的农业机械跨区作业服务才是单个小农户的最优帕累托选择。

在供给层面，随着劳动力价格的上涨，在农村出现劳动力短缺背景下，农业机械化服务供给市场之所以在中国农村得以形成，是因为"跨区作业"这种模式的出现。跨区作业没有在其他东南亚国家出现，之所以在中国出现，具备了极其特殊的社会和地理环境，中国幅员辽阔，各个地区之间气候差异极大，从南到北（或者从北到南）的粮食成熟时间可以形成一个较长的时间梯度，而那些购买了大型农业机械的农民就可以利用这个成熟时间梯度，在全国十多个省份连续7个月时间内进行跨区收割。通过这种跨区作业的模式，购买大型农业机械提供机械化服务的专业农民就可以降低每亩的机械使用成本，随着跨区收割亩数的增加，他们甚至可以获得额外利润，这就形成了中国农村的农业机械化服务的供给市场。

第五节 实证分析劳动力价格上涨对农业机械使用的影响

本节采取实证分析的方式，观察劳动力价格上涨对农业机械使用的影响效应。实证分析与上文经验描述的区别在于，实证分析可以在控制其他变量不变的情况下研究劳动力价格上涨对农业机械使用的直接效应，这里面很大一块在于防止有其他影响因素与劳动力价格上涨产生内生的关系。

另外，在山岭地区农业机械的使用受到很大限制，而中国山区面积很大，所以，要研究农业机械使用，不区分山区和平原是很难估计对中国整体的影响，因此，以下研究在很多层面会对平原和山区分别分析，以观察劳动力价格上涨所带来的不同地区影响。

一 资料来源和基本描述

上文提到反映劳动力价格上涨主要是两个指标：一个是农业劳动力外出打工，另一个是农忙季节时的劳动力雇工价格。此处农户微观数据是农业部固定观察点调查数据，它虽然有雇工价格，但是，样本量较少，其他方差较大，所以不适合用于实证分析。相对而言，农业劳动力外出打工的数据要较好，所以，我们选择农业劳动力外出打工工资来作为反映劳动力价格上涨的指标。

数据来自2004—2008年农业部固定观察点的调查（农业劳动力外出打工的工资数据已经在上文第二节描述），表1-7反映了农户户每亩农业机械的使用费用情况。

表1-7　　2004—2008年农户使用农业机械费用基本情况

单位：元/亩

	年份	小麦	水稻	玉米
总样本	2004	26.53	25.09	13.79
	2005	33.20	33.96	14.14
	2006	38.52	46.09	16.99
	2007	50.58	55.15	17.53
	2008	41.34	63.39	21.69
平原地区	2004	43.07	27.93	15.68
	2005	52.30	35.21	18.74
	2006	62.65	43.86	19.47
	2007	64.45	48.85	20.69
	2008	71.58	54.77	26.27
山岭地区	2004	16.37	24.19	11.99
	2005	21.88	33.24	9.70
	2006	21.89	46.77	14.43
	2007	44.19	57.13	16.69
	2008	25.78	67.91	20.90

资料来源：2004—2008年农业部固定观察点调查数据。

小麦生产过程中，2004—2008年，农业机械使用费用从每亩27元上涨到41元，其中，平原地区农业机械投入相对较高，2004年为每亩43元，到2008年已经高达72元；山岭地区农业机械投入较低，2004年为每亩16元，2008年为每亩26元。

水稻生产过程中，2004—2008年，农业机械使用费用从每亩25元上涨到63元，其中，平原地区2004年为每亩28元，到2008年每亩55元；山岭地区农业机械投入增长较快，2004年为每亩24元，到2008年则上涨到每亩68元。

玉米生产过程中，2004—2008年，农业机械使用费用从每亩14元上涨到22元，其中，平原地区农业机械投入相对较高，2004年为每亩16元，到2008年为每亩26元；山岭地区2004年为每亩12

元，到 2008 年则上涨到每亩 21 元。

综合来看，2004—2008 年三种主要的粮食作物每亩农业机械使用费用都有很大幅度的上涨，尤其表现在小麦和水稻使用上，玉米的农业机械投入相对较低，主要原因在技术的限制，即收割玉米的机械技术尚未得到很好的发展。

二 实证分析

首先构建计量分析的理论模型，假设粮食生产函数为[①]：

$$Y = AK^{\alpha} L_0^{\beta} N^{\gamma} e^{m_0} \tag{1.3}$$

式（1.3）中，Y 为粮食产量，A 为技术水平，K 为物资投入（例如农药、化肥和机械等），L_0 为农业劳动力，N 为土地面积，m_0 为家庭特征变量，α 资本产出的弹性系数，β 为劳动力产出的弹性数，γ 为土地产出的弹性系数。

假设农户为理性人，配置土地、劳动和资本以达到利润最大化，土地充分利用，且不存在租赁土地的情况，利润函数为：

$$\max_{X, L_0, L_1, N} \pi(K, L_0, L_1, N) = p_0 Y - p_1 K + w L_1 \tag{1.4}$$

式（1.4）中，p_0 为粮食市场价格，p_1 为物资投入市场价格，w 为劳动力从事非农工作工资，L_1 为非农劳动力，λ_1 为拉格朗日系数。

构建拉格朗日生产函数：

$$Z(X, L_0, L_1, N) = p_0 A K^{\alpha} L_0^{\beta} N^{\gamma} e^{m_0} - p_1 K + w L_1 + \lambda_1 (L - L_0 - L_1) \tag{1.5}$$

对各内生变量求导，可以得到农户生产行为简化式方程：

$$K^* = \varphi^1(p_0, p_1, w, m_0) \tag{1.6}$$

式（1.6）中，K^* 为物资投入的局部均衡解，即要研究的农业机械投入费用，它受到粮食和生产投入品价格、外出打工工资水平和家庭特征变量等外生变量影响。

由于缺乏粮食和生产投入品价格，故此我们构建以下计量回归方程：

[①] 理论构建参考了 McGuirk、Mundlak（1991）和 Mundlak（1996）。

$$y = \alpha_0 + \alpha_1 w + \alpha_2 m_0 + \varepsilon$$

式中，α_0 为截距项，y 为因变量，即农户家庭农业机械使用费用（单位：元），自变量 w 为劳动力外出打工工资水平，m_0 为家庭特征变量，包括家庭总耕地面积、家庭总劳动力数、家庭总固定资产数、户主年龄、户主教育、是否为党员、是否为村干部、家庭劳动力比例和家庭女性劳动力比例。∂_1、∂_2 为各变量对应的估计系数，ε 为残差。在回归方程中所有实变量都取对数形式，这样做主要有两个目的：其一，取对数以减小其方差，减少残差的波动范围；其二，取对数可以直接反映其弹性，这样又利于对回归系数的解读，所有自变量的基本描述如表1-8所示。

表1-8　　　　　　　　回归方程自变量的基本描述

变量	均值	中指	最小值	最大值	样本数	变异系数
户主年龄（年）	49.90	50.00	1.00	89.00	11135	0.21
户主教育（年）	6.79	7.00	0.00	92.00	11020	0.39
是否为村干部	1.96	2.00	0.00	1.00	11930	0.10
是否为党员	1.85	2.00	0.00	1.00	11931	0.19
家庭总耕地面积（亩）	14.81	5.00	0.00	280.00	11846	1.71
家庭总劳动力数（人）	2.85	3.00	1.00	8.00	11136	0.36
家庭总固定资产数（元）	5723.74	1294.12	0.00	449300.00	11937	2.70
家庭老年劳动力比例	0.12	0.00	0.00	1.00	11136	2.26
家庭女性劳动力比例	0.45	0.50	0.00	1.00	11136	0.36

资料来源：2004—2008 年农业部固定观察点调查数据。

表1-9反映了实证的回归结果，R_1 为总样本回归结果，R_2 为平原地区回归结果，R_3 为山岭地区回归结果。在控制其他变量基础上可以看到，三个方程中的劳动力外出打工工资水平对每亩农业机械投入费用，都有正向显著影响，且均在1%的统计水平上高度显著，这说明随着劳动力外出打工工资的增加，将促进农业机械的使用以替代劳动力。R_1 总样本的劳动力外出打工工资回归系数为0.443，这表明劳动力外出打工工资每增加1倍，农户家庭的农业机械使用费用会增加44.3%。

表 1-9　劳动力外出打工工资对农业机械使用的回归结果

	每亩机械费用投入		
	R_1（总样本）	R_2（平原地区）	R_3（山岭地区）
ln 外出打工工资	0.443*** (0.02)	0.558*** (0.03)	0.173*** (0.03)
户主年龄	0.002** (0.00)	0.002 (0.00)	0 (0.00)
户主教育	0.012*** (0.00)	0.008** (0.00)	0.015*** (0.00)
是否为村干部	0.032 (0.04)	0.047 (0.05)	0.041 (0.06)
是否为党员	-0.043** (0.02)	-0.032 (0.03)	-0.056* (0.03)
ln 家庭总耕地面积	0.043*** (0.01)	0.148*** (0.02)	-0.01 (0.02)
ln 家庭总劳动力数	0.038* (0.02)	0.011 (0.03)	0.033 (0.03)
ln 家庭总固定资产数	-0.026*** (0.01)	-0.034*** (0.01)	-0.026*** (0.01)
家庭老年劳动力比例	0.036 (0.03)	-0.037 (0.05)	0.131*** (0.05)
家庭女性劳动力比例	-0.012 (0.05)	-0.055 (0.06)	-0.043 (0.07)
省固定效应	是	是	是
样本	8240	4644	3003
调整的 R^2	0.217	0.198	0.311
合计	14810.923	8311.582	5011.482

注：***、**和*分别表示1%、5%和10%的显著水平。
资料来源：2004—2008年农业部固定观察点调查数据。

比较 R_2 和 R_3 可以看到，平原地区系数为0.56，山岭地区系数为0.17，即在平原地区外出打工工资每增长1倍，则每亩农业机械投入要增加56%；而山岭地区外出打工工资每增加1倍，其每亩农业机械投入只增加17%。可见，劳动力外出打工工资上涨对农业机械使用所带来的正面效应，平原地区的正向效应要大于山岭地区的正向效应。

为了进一步检验其稳健性，对三种主要的粮食作物分别进行实证分析，如表1-10所示，R_1至R_3分别是平原地区小麦、水稻和玉米的实证结果，R_4至R_6分别是山岭地区小麦、水稻和玉米的实证结果。

表1-10 按不同作物分劳动力外出打工工资对农业机械使用的回归结果

	平原地区			山岭地区		
	R_1（小麦）	R_2（水稻）	R_3（玉米）	R_4（小麦）	R_5（水稻）	R_6（玉米）
ln 外出打工工资	0.494*** (0.04)	0.845*** (0.03)	0.058*** (0.02)	0.420*** (0.04)	0.474*** (0.04)	0.243*** (0.03)
户主年龄	0.003* (0.00)	0.004*** (0.00)	-0.002* (0.00)	0.007*** (0.00)	-0.002 (0.00)	-0.001 (0.00)
户主教育	0.007* (0.00)	0.002 (0.00)	0.007*** (0.00)	0.003 (0.00)	0.003 (0.01)	0.003 (0.00)
是否为村干部	0.014 (0.06)	-0.048 (0.05)	-0.007 (0.04)	-0.109* (0.06)	0.07 (0.07)	-0.118** (0.06)
是否党员	-0.077* (0.04)	-0.028 (0.03)	0.033 (0.02)	-0.017 (0.04)	-0.036 (0.04)	0.027 (0.03)
ln 家庭总耕地面积	0.100*** (0.03)	0.052*** (0.01)	0.050*** (0.01)	0.041 (0.03)	0.056*** (0.02)	-0.102*** (0.02)
ln 家庭总劳动力数	-0.038 (0.04)	-0.012 (0.02)	0.031 (0.02)	-0.007 (0.03)	0.031 (0.04)	0.027 (0.04)
ln 家庭总固定资产数	0.017 (0.01)	-0.028*** (0.01)	0.015** (0.01)	-0.024** (0.01)	-0.045*** (0.01)	0.002 (0.01)
家庭老年劳动力比例	0.013 (0.06)	-0.004 (0.04)	0.04 (0.04)	0.052 (0.06)	0.025 (0.06)	0.151*** (0.05)
家庭女性劳动力比例	-0.164* (0.09)	0.091* (0.05)	-0.024 (0.04)	0.068 (0.09)	0.037 (0.08)	-0.062 (0.08)

续表

	平原地区			山岭地区		
	R_1（小麦）	R_2（水稻）	R_3（玉米）	R_4（小麦）	R_5（水稻）	R_6（玉米）
省固定效应	是	是	是	是	是	是
样本	1253	3731	1893	911	1237	1615
调整的 R^2	0.339	0.287	0.756	0.218	0.363	0.068
合计	1543.929	5039.844	613.78	942.385	1310.232	1699.927

注：***、** 和 * 分别表示 1%、5% 和 10% 的显著水平。
资料来源：2004—2008 年农业部固定观察点调查数据。

同样可以看到，在 6 个回归结果中，劳动力外出打工工资对农业机械使用费用都是正向影响，且都在 1% 统计水平上高度显著。这说明我们做回归统计分析的稳健性良好。

在平原地区，外出打工工资对小麦、水稻和玉米三种粮食作物的估计系数分别是 0.49、0.84 和 0.06，说明外出打工工资每增加一倍，则农业机械使用费用在小麦中会增加 49%，水稻会增加 84%，玉米只增加 6%。在山岭地区，外出打工工资对小麦、水稻和玉米三种粮食作物的估计系数分别是 0.42、0.47 和 0.24，说明外出打工工资每增加 1 倍，则农业机械使用费用在小麦中会增加 42%，水稻会增加 47%，玉米只增加 24%。这个分作物实证结果同样反映了在劳动力外出打工工资对农业机械使用的正向影响中，平原地区的正向效应大于山岭地区的正向效应。

三 小结

研究结果表明，无论是进行总样本回归分析，还是对小麦、水稻和玉米的单个作物回归分析，劳动力外出打工工资对农户家庭农业机械使用费用都有正向显著的影响，意味着劳动力价格上涨会促进农业机械的使用以替代劳动力。

从平原和山区分别回归的结果来看，劳动力外出打工工资对农户家庭农业机械使用费用在平原的正向影响显著大于山岭地区的正向影响，意味着相对于山岭地区而言，随着劳动力价格的不断上涨，平原地区会更多使用农业机械替代劳动力。

第六节 结论

20世纪90年中后期，中国政府放松户籍制度限制后，中国农业劳动力可以自由流动，而随着近30年中国经济，尤其是制造业的迅速发展，对非技术型劳动力产生极大需求，导致最近20年来中国劳动力工资的迅速上涨，劳动力工资无论是从宏观层面的省级证据，还是从微观层面的农村雇工工资数据，2004年以后都呈现快速上涨趋势。

随着劳动力价格的快速上涨，从事农业生产活动的劳动力机会成本不断增加，必然会推动农业劳动力外出打工。研究显示，平均每个劳动力近30%的劳动时间比例都进行外出打工。从农村从事外出打工的人数比例来看，年龄在20岁左右的男性劳动力和女性劳动力有60%以上外出打工，随着年龄的增大，每个年龄层的外出打工人数比例在逐渐下降。从平原和山区的比较分析来看，地区之间的差异并不大。

在生产过程中，随着某一生产要素价格的变动，必然引起整个生产结构的重新调整，最后达到一个帕累托最优均衡。随着劳动力价格的快速上涨，继续从事农业生产的劳动力机会成本变得越来越大，这必然诱导农业机械替代劳动力，但是如何替代，以什么形式替代？第四节分别从农户的需求层面和市场的供给两个层面研究了这个问题，从需求层面来看，相对于"互帮互助式"、雇工式和自家购买农业机械，使用跨区作业的"外包式"农业机械服务是成本最低的选择；从供给层面来看，由于中国地区之间的气候差异较大，为农业机械进行跨区作业服务提供了可能，农机手通过购买大型农业机械，可以在外长达7个月的时间从事跨区作业服务，这使得农机手高成本购买大型农业机械提供服务能够获得正的收益，从而促进了农业机械跨区作业供给市场的形成。最后，正是由于需求和供给层面的两方面都满足,从而衍生了具有中国特色的农业机械跨区作业服务市场,形成了这种在中国细碎化的小农户经营方式背景下,以使用农业机械跨区作业服务来替代农业劳动力的独特方式。

第四节从理论层面分析了劳动力价格上涨会诱导农户家庭使用农业机械替代农业劳动力,第五节从实证层面进行分析结果表明:在控制了其他影响因素的前提,劳动力外出打工工资对农户家庭使用农业机械有显著正向影响,其劳动力外出打工工资每增加1倍,则农户家庭在每亩农业机械上的花费会增加44.3%。另外,通过比较平原地区和山岭地区,实证结果表明,劳动力外出打工工资对平原地区的正向影响更加显著,劳动力外出打工工资每增加1倍,平原地区的农户家庭每亩农业机械花费会增加55.8%,而山岭地区每亩农业机械花费只增加17.3%。

第二章 农业机械替代劳动力对粮食生产效率的影响[*]

传统农业经济学认为，精耕细作模式会提高农业生产率，而劳动力价格上涨诱导农业机械替代农业劳动力，这样是否会对粮食生产效率产生影响？为了研究这个问题，本章利用多个微观农户调查数据，采用得分匹配估计方法进行实证分析。研究结果表明，农业机械替代农业劳动力后，并不会对粮食生产效率产生显著影响。

第一节 引言

传统农业经济学认为精耕细作模式会提高农业生产率（舒尔茨，1964；Hayami 和 Ruttan，1971；黄宗智，2000；Johnson，2004），随着劳动力价格上涨诱导农业机械替代农业劳动力，会对粮食生产效率产生影响吗？本章主要回答这个问题。

生产效率是指所有生产要素投入量能够产生的最大产出与真实产出之间的差距。机械化服务作为一个外生干预处理，估计它对农户家庭粮食生产效率的影响，最大的问题就是样本选择问题，即使用机械化服务的农户样本和不使用机械化服务的农户样本不是随机分布，而是有内生性的，这是所有干预处理研究都遇到的问题。解决干预处理引起的内生性问题，计量模型有 Heckit 模型（Heckman，1978；Heckman，1979；Greene，1981；Greene，2003；Greene，

---

[*] 执笔人：杨进，华中科技大学经济学院；张晓波，北京大学国家发展研究院。

2010)、Treatreg 模型和倾向得分匹配模型（Rosenbaum and Rubin，1983），但是，估计生产效率用随机前沿生产函数则无法使用前两种方法，所以，本章的基本思路是首先通过随机前沿生产函数（SFA）估计农户生产效率值；然后再使用倾向得分匹配法（PSM）将使用机械化服务和不使用机械化服务的两组农户进行匹配，生成实验和对照组；最后比较两组之间的效率差异。[①]

第二节　如何估计生产效率

研究生产效率的方法主要是两种，分别是非参数估计法和参数估计方法，其中非参数估计方法主要使用包络分析法（Data Envelopment Analysis，DEA），参数估计方法主要是使用随机前沿生产函数法（Stochastic Frontier Analysis，SFA）。

非参数包络分析法是由钱斯和库珀（Chams and Cooper，1978）所创立，主要是通过线性规划的方法直接构建一个生产最优前沿面，测算各评价单元离最优前沿面的距离，距离越远，则效率值越低。当评价单元落在生产最优前沿面时，则意味着效率值达到最优。这种方法的特点是不依赖对生产函数的估计，也不受各输入单元指标的量纲约束，较为简单，所以，早期对生产效率的研究中，曾经得到广泛运用（扶玉枝、黄祖辉，2013；钱丽、肖仁桥、杨桂元，2010；汪旭晖、刘勇，2008；黄利军、胡同泽，2006；张宁、胡鞍钢、郑京海，2006；李周、于法稳，2005）。

随机前沿分析方法相对于包络分析方法的主要优势是利用计量经济学，通过对生产函数的估计来建立生产前沿面（Production Frontier），这样，随机前沿分析方法就具有统计学的特征，最早由

[①] 该思路源自 Mayen、Balagtas 和 Alexander 于 2009 年发表在《美国农业经济杂志》(*American Journal of Agricultural Economics*) 上关于有机技术采用对奶业生产效率影响的文章。

艾格纳、洛弗尔和施米特（Aigner, Lovell and Schmidt, 1977）提出来。随着应用经济学越来越倾向于使用计量经济学来验证社会因果关系，对实证分析是否具备统计学特征也越来越看重，所以随机前沿分析方法在最近一些年应用相对要更加广泛（陈关聚，2014；郭亚军、姚顺波和霍学喜，2013；Jin 等，2009；杜文杰，2009；全炯振，2009；王志刚、龚六堂和陈玉宇，2006）。

早期随机前沿分析文献由艾格纳、洛弗尔和施米特（1977）与凡·登·布罗克（Van Den Broeck, 1977）提出，基本函数如下：

$$y_{it} = f(x_{it}; \beta) \exp(v_{it} - u_{it}) \tag{2.1}$$

其中，y_{it}表示农户家庭i在时间t的农业产出；x_{it}表示农户家庭i在时间t的农业投入；β表示农业各业投入对应的系数向量；v_{it}表示在农户家庭控制之外的随机影响因素（残差）；因此，$f(x_{it}; \beta) \exp(v_{it})$表示随机生产前沿面。其中，随机扰动项$v_{it} \sim N(0, \sigma_v^2)$正态分布。生产效率等于：

$$TE_{it} = \frac{E[f(x_{it}; \beta) \exp(v_{it} - u_{it})]}{E[f(x_{it}; \beta) \exp(v_{it})]} = \exp(-u_{it}) \tag{2.2}$$

$\exp(-u_{it})$表示农户家庭i在时间t的农业生产无效率项。为了保证$\exp(-u_{it})$是小于 1 的正数，必须有u_{it}非负。在这个条件下，误差项（$v_{it} - u_{it}$）的分布是负偏的。

通过 SFA 分析生产效率的决定因素通常有两种思路：第一种思路假设u_{it}是独立同分布，于是直接估计农业生产函数以构造产出前沿面，计算出效率值，然后再利用可能影响效率的变量去解释效率值变化（Pitt 和 Lee, 1981；Kalirajan, 1981；亢霞和刘秀梅，2005；Chen 等，2009）。但是，Wang 和 Schmidt（2002）发现，在使用这种方法进行估计时，由于第一步估计中忽略了生产效率的异质性，会导致估计结果有偏。第二种思路，假设效率项u_{it}不是非随机分布，而是受到其他因素的影响，比如劳动力对农业生产的管理等，于是同时估计农业生产函数和效率函数（Battesse and Coelli, 1995），能避免分两次估计所产生的估计偏差问题。

如果按照同时估计生产函数和效率函数的思路进行实证研究，

则假设 u_{it} 受外生变量 z_{it} 影响，函数如下：

$$u_{it} = (\gamma' z_{it} + \varepsilon_{it}) \geq 0 \tag{2.3}$$

式中，残差项 $\varepsilon_{it} \sim N(0, \sigma_\varepsilon^2)$ 正态分布 γ' 为 z_{it} 对应的估计系数。Battesse 和 Coelli（1995）证明，这种对于 ε_{it} 分布的假设就等同于假设 $u_{it} \sim N^+(\gamma' z_{it}, \sigma_u^2)$ 截尾正态分布。在已知 v_{it} 和 u_{it} 分布的前提下，可以采用最大似然法（MLE）来估计。

尽管1995年 Battesse 和 Coelli 在提出估计农业生产和效率函数的方法后，大量的文献开始利用这种方法估计研究其他因素对效率的影响（Lucas，1997；Du, Park and Wang，2005；Barret et al.，2008；Wouterse，2010），但这些研究常常忽略了 z_{it} 有可能受农户家庭其他不可观察因素 c_i 带来的内生性影响。

如果存在 c_i，则 $u_{it} = (\gamma' z_{it} + c_i + \varepsilon_{it}) \geq 0$。那么，在估计过程中不考虑 c_i，就会导致对 ε_{it} 的错误假定（由于包含 c_i 了，现在的 ε_{it} 不在独立于 z_{it}），从而使 z_{it} 估计结果有偏。为了解决这个问题，Yang 等（2013）引入关联随机效应方法（Mundlak，1978；Chamberlain，1980），假设 $c_i \overline{z_i} \delta + a_i$，$\delta$ 为 $\overline{z_i}$ 对应的估评系数且 $a_i \sim N(0, \sigma_a^2)$ 正态分布。

此时，考虑了可能影响效率项的其他不可观察的影响因素 c_i 后，为了保证 u_{it} 的非负性，我们现在需要 ε_{it} 的下界为（$-\gamma' z_{it} - c_i$）。因为 ε_{it} 和 a_i 都服从正态分布，u_{it} 现在仍服从截尾正态分布，σ_u^2 为 u_{it} 的方差平方项，σ_a^2 为 a_i 的方差平方项，可以表示为 $u_{it} \sim N^+(\gamma' z_{it} + \overline{z_i}\delta, \sigma_u^2 + \sigma_a^2)$。

为研究生产效率的相关进展，在第一步生产函数估计方面，主要函数形式是 C—D 生产函数（柯布—道格拉斯生产函数）和超越对数生产函数。这两种生产函数各有优缺点，C—D 生产函数（柯布—道格拉斯生产函数）是最为经典，也是较为简单的生产函数，它假设不同生产要素之间是固定的替代弹性关系，在计量经济学中估计起来较为容易；而超越对数生产函数，假设不同生产要素之间存在可变得替代弹性，这在某些领域更符合现实，但是，它的缺点是在计量回归时相对较为难估计，主要因为交叉项太多。由于两者具有不同优势,所以,在不同的文献中,研究者常常会根据自己所能够获得的数据和条件进行取舍,选择不同的生产函数。

第三节 样本选择文献综述

估计干预处理模型,最重要问题是解决"样本选择"问题,样本选择最早由赫克曼(Heckman,1978,1979)在分析劳动力市场中妇女工资的著名研究中提出来,他认为,妇女首先受到一些外生因素决定了她们是否参加工作(比如婚姻状况和子女状况),然后才会进入劳动力市场获得工资。所以,在劳动力市场收集的妇女劳动力工资,实际上是截尾了那些没有进入劳动力市场的妇女,因此,直接用教育水平和年龄对妇女劳动力工资进行估计就会造成有偏。赫克曼提出这个问题以后,在计量经济学内得到了大量的关注,尤其是在劳动经济学领域,样本选择所带来的内生性问题已经成为绝大多数论文必须要解决的核心问题之一(Dolton and Makepeace,1986;Boyer and Smith,2001;Grogger,2009;Lee,2009)。对于样本选择问题的解决,简化式模型主要是 Heckit 模型(Heckman,1978;Greene,2003)、Treatreg 模型和倾向得分匹配模型(Rosenbaum and Rubin,1983),以下将分别介绍这三种方法,为读者提供一个较为完整的脉络。

一 Heckit 模型

以上文介绍的研究劳动力市场中妇女工资为例,赫克曼(1978)在解决样本选择问题时,采取两步法建立两个基本方程①:

回归方程:$Y_i = X_i\beta_1 + \varepsilon_{1i}$ $i = 1, 2, \cdots, n$ (2.4)

选择方程:$T_i = Z_i\beta_2 + \varepsilon_{2i}$ $i = 1, 2, \cdots, m$ (2.5)

第一个方程为妇女工资水平的回归方程,Y_i 为市场中收集的妇

---

① 其原文是结构方程组,这里简化为简化式模型;理论部分的中文文献可参考郭志刚等(2012)、周华林和李雪松(2012)。

女工资水平，X_i 为影响妇女工资水平的一系列外出因素，ε_{1i} 为方程残差，β_1 为 X_i 对应的估计系数；第二个方程为妇女是否进入劳动力市场的选择方程，β_2 为 Z_i 对应的估计系数，T_i 为妇女决定进入劳动力市场的选择变量（1 = 是；0 = 否），Z_i 为影响妇女做出工作决定的一系列外生因素，ε_{2i} 为方程残差。假设：

$$E(\varepsilon_{ij}) = 0, \quad E(\varepsilon_{ji}\varepsilon_{j,i'}) = \begin{cases} \sigma_{jj}, & \text{当 } j, j' = 1, 2; i = i' \\ 0, & \text{当 } j, j' = 1, 2; i \neq i' \end{cases} \quad (2.6)$$

注意：第一个回归方程的样本只是市场中已经参与工作的妇女样本，而第二个选择方程样本既包括已经参与工作的妇女，也包括尚未参加工作的妇女，也就是说，$n < m$，即第一个回归方程样本集合是截尾样本集合，是第二个选择方程样本集合的子集。

当样本是完整样本数据时，即：

$$E(Y_i \mid X_i) = X_i\beta_1 \quad (2.7)$$

当研究所使用的数据只是截尾样本数据时，则：

$$E(Y_i \mid X_i, T_i \geqslant 1) = X_i\beta_1 + E(\varepsilon_{1i} \mid T_i \geqslant 1) \quad (2.8)$$

转化为：

$$E(Y_i \mid X_i, T_i \geqslant 1) = X_i\beta_1 + E(\varepsilon_{1i} \mid \varepsilon_{2i} \geqslant -Z_i\beta_2) \quad (2.9)$$

该方程误差项均值等于：

$$E(\varepsilon_{1i} \mid \varepsilon_{2i} \geqslant -Z_i\beta_2) = \frac{\sigma_{12}}{(\sigma_{22})^{1/2}} \times \lambda_i \quad (2.10)$$

其中，$\lambda_i = \frac{f(\varphi_i)}{1 - F(\varphi_i)}$，$\varphi_i = -\frac{Z_i\beta_2}{(\sigma_{22})^{1/2}}$，$f$ 和 F 分别是标准正态分布的概率密度和分布函数；λ_i 称为逆米斯比；σ_{12} 为 ε_{1i} 与 ε_{2i} 之间的协方差项、σ_{22} 为 ε_{1i} 的方差项；Z_i 为影响妇做出决定的外因素矩阵。

此时，第一个回归方程可以写成：

$$Y_i = X_i\beta_1 + \frac{\sigma_{12}}{(\sigma_{22})^{1/2}} \times \lambda_i + v_{1i} \quad (2.11)$$

其中，v_{1i} 为残差项。在计量方程估计时，赫克曼推荐使用两步法：

第一步：使用全部样本（包括参与工作的妇女和没有参与工作的妇女样本），估计选择方程，并利用结果计算逆米斯比的值。

第二步：利用逆米斯比值（λ_i），将$\dfrac{\sigma_{12}}{(\sigma_{22})^{1/2}}$作为一个有待估计的参数，估计第一个回归方程，最后得到β_1的估计量。

通过以上方法，即为控制样本选择问题给原方程估计带来有偏。效仿Tobit模型和Logit模型，格林（Greene，2003）建议，将赫克曼类型的相关模型都称为Heckit模型。在后续的发展中，这些样本选择模型逐渐被广泛地应用于研究干预处理效应的相关问题上。

二　Treatreg模型

Treatreg模型和经典的赫克曼模型的不同之处在于，无论选择与否，最后的结果变量值都可以获得，比如，在本章研究机械化服务对粮食生产效率的影响，在所有样本集合中，那些使用了机械化服务的农户样本和没有使用机械化服务的农户样本，其最后的粮食产出数据，我们都可以获得单个农户粮食生产效率值。如同赫克曼模型，我们也可以建立干预处理模型的两个基本方程：

回归方程：$Y_i = X_i\beta_1 + T_{ii}\delta + \varepsilon_{1i} \quad i = 1, 2, \cdots, n$ （2.12）

选择方程：$T_i = Z_i\beta_2 + \varepsilon_{2i} \quad i = 1, 2, \cdots, m$ （2.13）

此时，$n = m$，即两个方程的样本完全相同。其中，β_i为X_i对应的估计系数；δ为T_{ii}对应的结系计数。ε_{1i}和ε_{2i}服从二元正态分布，且均值为0，协方差矩阵为$\begin{pmatrix} \sigma & \rho \\ \rho & 1 \end{pmatrix}$；选择方程的估计为：

$P(Y_i = 1 \mid Z_i) = \phi(Z_i\beta_2)$ （2.14）

$P(Y_i = 0 \mid Z_i) = 1 - \phi(Z_i\beta_2)$ （2.15）

归入干预处理模型的估计可以采取赫克曼模型的两步法，即先通过选择模型估计逆米斯比值，然后把逆米斯比值代入第一步回归方程，估计X_i系数项β_1的估计量（具体过程类同上文赫克曼模型）。此外，还可以采取最大似然估计法（可参考Maddala，1983；郭志刚等，2012）。

第四节 倾向得分匹配估计方法

倾向得分匹配法（Propensity Score Matching，PSM）最早由罗森鲍姆和鲁宾（Rosenbaum and Rubin，1983）提出，并被来用于干预政策评价的因果效应分析。早期的干预政策评价实验主要基于费希尔（Fisher，1935）在《实验设计》中所提出的随机化准则，其中最著名的例子是女士品茶。

随着统计学的发展，开始质疑这种随机化实验，罗森鲍姆（2002b）提出三个主要问题：第一，实验不可能合理地要求实验单元是同质的，即实验单元的反映不存在变异；第二，实验不可能要求实验单位是来自一个总体的随机子样本；第三，实验概率只是通过实验者的控制被随机分配到实验中。

其中，主要问题是实验单元的异质性问题，这引发了计量经济学对内生性问题的研究，从而推动了依赖结构方程的传统计量经济学和依赖随机化实验的统计学传统的融合。

对于实验单元异质性问题的解决，主要有两条路径：一条路径是上文提到的赫克曼（1978，1979，1990）从样本选择的角度使用联立方程组来处理虚拟内生变量，讨论在非随机分配情况下的干预效应，这种方法至今被应用经济学广泛使用。

另一条路径就是罗森鲍姆和鲁宾（1983）提出的倾向得分匹配法，这种方法被广泛地用于项目评价中，用鲁宾（2008）的话来说："试图以观察数据集估计因果效应时的一个关键想法是将观察数据集概念化成如同是来自一个复杂的随机化实验，但是用于分配干预状态的准则已经被丢失，因此要重新构建。"这种方法的实质是通过再抽样或者基于接受干预的概率，将为未被干预的实验单元和被干预的实验单元进行重新的数据匹配，分别得到对照组和实验组，再来对比两个组之间的差异，从而得到干预效果的因果性判断。

一 倾向得分匹配法原理

以粮食生产机械服务化来阐述 PSM 方法的基本原理，将使用机械化服务作为实验组，将没有使用机械化服务作为对照组。

假设 T 为 0—1 变量，反映农户 i 是否使用机械化服务；当 $T=1$ 时，表示使用机械化服务，粮食生产的结果变量为 Y_{i1}；当 $T=0$ 时，表示不使用机械化服务，粮食生产的结果变量为 Y_{i0}。对于农户 i 来说，使用机械化服务的作用效果就是 $Y_{i1} - Y_{i0}$：

$$\tau_i = Y_{i1} - Y_{i0} \tag{2.16}$$

但是，对于农户 i 来说，不可能同时既使用机械化服务，也没有使用机械化服务。如果这个农户使用了机械化服务，那么他没有使用机械化服务的状态就不可能直接被观察到，只有通过构建"反事实"来进行推测，因为无法对 τ_i 进行直接测定。但是，我们可以直接观察机械化服务在许多农户之间的平均作用效果。

假设在某农户样本下，部分农户使用了机械化服务（$T=1$），其平均状态可以标记为 $E(Y_{i1})$，π 为使用机械化服务农户在总农户样本中所占比例；没有使用机械化服务的农户平均状态可以标记为 $E(Y_{i0})$，样本比例为 $1-\pi$；则使用机械化服务的因果关系（也叫"干预处理效果 ATT"）可以表示为：

$$\tau_{ATT} = \pi[E(Y_{i1}|T=1) - E(Y_{i0}|T=1)] + (1-\pi)[E(Y_{i1}|T=0) - E(Y_{i0}|T=0)]$$

在这个公式里，$E(Y_{i1}|T=1)$ 和 $E(Y_{i0}|T=0)$ 是可观测的事实，而 $E(Y_{i1}|T=0)$ 和 $E(Y_{i0}|T=1)$ 是不可观测的事实，即"反事实"。因果关系 τ_{ATT} 表示实验组农户"事实"与"反事实"之间的差异 $[E(Y_{i1}|T=1) - E(Y_{i0}|T=1)]$ 与对照组农户"事实"与"反事实"之间的差异 $[E(Y_{i1}|T=0) - E(Y_{i0}|T=0)]$ 的加权平均值权重分别为 π 和 $1-\pi$。

反事实只是研究时假想的概念，永远无法观测到。为了解决这个问题，需要用能够观察到的事实 $E(Y_{i1}|T=1)$ 和 $E(Y_{i0}|T=0)$ 来简化干预处理效果式 τ_{ATT}。

解决办法在于满足以下两个条件：

条件 1：$E(Y_{i1}|T=1) = E(Y_{i1}|T=0)$ （2.17）

条件 2：$E(Y_{i0}|T=0) = E(Y_{i0}|T=1)$ （2.18）

当这两个条件满足时，干预处理效果式可以写成：

$$\tau_{ATT} = E(Y_{i1}|T=1) - E(Y_{i0}|T=0) \quad (2.19)$$

然而，要满足条件 1 和条件 2，就需要满足两个假设：

假设 1：T 与 Y_1 和 Y_0 是独立分布的，即无论 $T=0$ 还是 $T=1$，$E(Y_1)$ 和 $E(Y_0)$ 的值都是固定的。从而得到：

$E(Y_{i1}|T=1) = E(Y_{i1}|T=0)$ 和 $E(Y_{i0}|T=0) = E(Y_{i0}|T=1)$

假设 2：实验组合对照组的控制变量是有交叠部分的。假设 T 与 Y_1 和 Y_0 是独立的，意味着机械化服务是随机分配给实验组农户和对照组农户，只有当分配方式是完全随机的，才能保证 T 与 Y_1 和 Y_0 的独立性。但是，对于社会科学来说，很难做到随机化分配。为了尽量做到分配随机化，能做的是：在给定的控制变量 X 下，符合该特征的农户个体既有可能在实验组中，也有可能在对照组中。这就是罗森鲍姆和鲁宾在 1983 年提出的倾向得分匹配法，在通过控制农户的特征变量的背景下，对实验组农户和对照组农户进行重新匹配分组。

二 倾向得分匹配法的估计

PSM 的估计分为两部分：其一为倾向得分；其二为匹配。

（一）倾向得分

倾向得分步骤通过计量经济学来估计：在给定的农户家庭特征变量 X 背景下，农户使用机械化服务的条件概率为：

$$p(X) = Pr[T=1|X] = E[T|X] \quad (2.20)$$

基本步骤可以概括如下（Dehejia and Wahba, 2002；连玉君、苏治和谷月东，2010）：

第一步：通过 Logit 模型进行计量经济学估计，获得所有使用和没有使用机械化服务的农户使用机械化的潜在概率，方程如下：

$$p(X_i) = Pr(T=1|X_i) = \frac{\exp(\beta_i x_i)}{1+\exp(\beta_i x_i)} \quad (2.21)$$

该式为离散分布的积累分布函数，其中，X_i 是农户家庭一系列可能影响其是否选择机械化服务的特征变量向量，x_i 为向量的各特征变量，β_i 为其相应的估计参数。通过 Logit 模型估计，得到所有样本内每个农户使用机械化服务的潜在概率 PS 值（即倾向得分）。

第二步：将所有样本的 PS 值分成 Q 组，在许多统计软件中（如 Stata 软件）默认分成 Q = 5 组。在每个组分中，计算实验组与对照组的平均 PS 值，并检验每个组分的平均 PS 值是否存在显著差异。倘若存在显著差异，需要重新分组，再重新检查每组内部的差异。

第三步：持续进行上述两步，直到每个分组内部的实验组与对照组的平均 PS 值在统计学检验下无显著差异为止。

第四步：在每个分组内部，检查农户家庭各特征变量 X_i，在实验组和对照组之间是否存在显著差异，如果存在显著差异，则需要返回第一步，重新设定 Logit 模型。然后再继续上述步骤，直到每组内部的 PS 值在实验组和对照组之间不存在显著差异，且各特征变量 X_i 在实验组和对照组之间也不存在显著差异，此时方可得到最佳实验组与对照组的子样本，此子样本也被称为"共同区间"。

（二）匹配方法

匹配方法是基于共同区间的农户子样本群，使用最近匹配、范围匹配、分层匹配和核匹配四种较为常见的方法，对实验组和匹配组进行再匹配过程，以下依次介绍这四种匹配方法（Becker and Ichino，2002；连玉君、苏治和谷月东，2010）：

（三）最近匹配和范围匹配

假设 T 为使用机械化服务的实验组样本集合，C 为不使用机械化服务的对照组样本集合。Y_i^T 和 Y_j^C 分别是这两个样本集合的粮食生产结果变量。假设 $C(i)$ 为实验组中第 i 个农户样本与匹配样本 j 所构成的集合，则最近匹配（Nearest – Neighbor Matching）的原则可以表示如下：

$$C(i) = \min_j \|p_i - p_j\| \qquad (2.22)$$

其中，P_i 为实验组农中样本的得分值，P_j 匹配组农产样本的得分值。

其基本思想是：根据实验组农户样本的得分值 p_i，在匹配组内向前或者向后寻找与 p_i 最接近的 p_j，而对照农户集合中的样本 j，即为最近匹配样本。

范围匹配也叫半径匹配，其基本思想是：先设定一个距离常数 r，在匹配组中，倾向得分值 p_j 与实验样本 i 的得分值 p_i 之间的差异小于常数 r 的样本都被选定为实验样本 i 的匹配样本。公式表示如下：

$$C(i) = \{p_j \mid \|p_i - p_j\| < r\} \tag{2.23}$$

最近匹配和范围匹配方法本质是相同的，只是最近匹配值选择一个匹配样本，而范围匹配则是选择多个样本。完成匹配后，就可以进一步计算平均处理效果（ATT，也就是上文所说的使用机械化服务的因果关系）。

对于实验组的第 i 个农户样本，假设有 N_i^C 个匹配对象，若 $j \in C(i)$，则假设权重为 $w_{ij} = 1/N_i^C$，否则设权重 $W_{ij} = 0$。如果实验组中有 N^T 个观察对象，则平均处理效果的估计式为：

$$\begin{aligned}
\tau^M &= \frac{1}{N^T} \sum_{i \in T} (Y_i^T - \sum_{j \in C(i)} w_{ij} Y_j^C) \\
&= \frac{1}{N^T} (\sum_{i \in T} Y_i^T - \sum_{i \in C, j \in C(i)} w_{ij} Y_j^C) \\
&= \frac{1}{N^T} \sum_{i \in T} Y_i^T - \frac{1}{N^T} \sum_{j \in C} w_j Y_j^C
\end{aligned} \tag{2.24}$$

其中，M 表示匹配方法（最近匹配和范围匹配），τ^M 为最近或者范围匹配的平均效果估计量，w_j 为省略了 $i \in C$，实际上是 w_{ij}（一种简化的写法），权重 $w_j = \sum_i w_{ij}$。假设不同样本农户之间的粮食生产效果彼此独立分布，τ^M 的方差估计式为：

$$\begin{aligned}
\mathrm{Var}(\tau^M) &= \frac{1}{(N^T)^2} \{ \sum_{j \in C} \mathrm{Var}(Y_i^T) + \sum_{j \in C} (w_j)^2 \mathrm{Var}(Y_j^C) \} \\
&= \frac{1}{(N^T)^2} \{ N^T \mathrm{Var}(Y_i^T) + \sum_{j \in C} (w_j)^2 \mathrm{Var}(Y_j^C) \} \\
&= \frac{1}{N^T} \mathrm{Var}(Y_i^T) + \frac{1}{(N^T)^2} \sum_{j \in C} (w_j)^2 \mathrm{Var}(Y_j^C)
\end{aligned} \tag{2.25}$$

(四) 分层匹配

分层匹配实际上是使用第一步中的样本分层，即将所有样本集合分成 Q 组，使每一组的实验样本与对照样本的 PS 值不存在显著差异，然后比较各组的实验样本集合与对照样本集合的平均干预处理效果。假设 q 为某一分组，则在这个分组内的干预处理效果 ATT 等于：

$$\tau_q^S = \frac{\sum_{i \in I(q)} Y_i^T}{N_q^T} - \frac{\sum_{j \in I(q)} Y_i^C}{N_q^C} \quad (2.26)$$

其中，τ_q^S 为分组 q 内的分层匹配平均效果估计量，$I(q)$ 是分组 q 内的所有样本，N_q^T 和 N_q^C 是分组 q 内的实验组和对照组的样本个数。所有分组（即所有样本）的平均干预处理效果 ATT 等于：

$$\tau^S = \sum_{q=1}^{Q} \tau_q^S \quad (2.27)$$

此外，$\tau^S = \sum_{z=1}^{Q} \tau_q^S$，相当于使所有分组集合产生一个整体的平均干预处理效果。

假设不同样本农户之间的粮食生产效果彼此独立分布，则其方差估计式为：

$$\mathrm{Var}(\tau^S) = \frac{1}{N^T}\left\{\mathrm{Var}(Y_i^T) + \sum_{q=1}^{Q} \frac{N_q^T}{N^T}\frac{N_q^T}{N_q^C}\mathrm{Var}(Y_i^C)\right\} \quad (2.28)$$

(五) 核匹配

核匹配即构建核函数进行匹配，其平均处理效果 ATT 等于：

$$\tau^K = \frac{1}{N^T}\sum_{i \in T}\left(Y_i^T - \frac{\sum_{j \in C} Y_j^C G\left(\frac{p_j - p_i}{h_n}\right)}{\sum_{k \in C} G\left(\frac{p_k - p_i}{h_n}\right)}\right) \quad (2.29)$$

其中，$G(\cdot)$ 为核函数，h_n 为"带宽参数"。

三 小结

本节内容阐述了研究干预处理效应的样本选择问题，介绍了三种处理样本选择的方法，分别是 Heckit 模型、Treatreg 模型和倾向得分匹配模型，其中在简化式模型中用的较多的是前两种方法，而在生产效率模型的估计中，尤其是在随机前沿生产函数中无法使用前两种方法，只能通过先估计随机前沿函数，获得生产效率值以后再通过倾向得分匹配法进行研究。在倾向得分匹配法的四种方法中，研究者常需要根据自己所拥有的资料情况选择不同的匹配方法（Leung and Yu, 1996）。根据很多研究的结果发现，这四种匹配方法最后得出的平均干预处理效果在很多情况下相差不大。

近些年国内也开始大量使用这种方法进行研究，比如连玉君、苏治和谷月东（2010）利用这种方法研究股权激励对公司治理的影响，魏万青（2012）研究户籍制度改革对流动人口收入的影响研究，陈玉萍等（2010）研究农业技术采用对农户收入的影响等。

第五节　四川省农业机械化服务对粮食生产效率的影响

本节将用随机前沿函数来估计生产效率，同时假设生产函数的估计会存在生产效率异质性问题，故而用随机前沿函数的第二种方法，即同时估计生产函数和生产效率函数。

主要资料来源是利用2011年国际食物政策研究所与农业部固定观察点联合进行的农村地震专项调查数据，在这个问卷里我们添加了"是否使用农业机械服务"的问题，所以恰好可以用于我们的研究。但是，由于只有一年的农业机械化服务数据，无法使用关联随机效应方法。在生产函数的估计中，我们选择C—D生产函数（柯布—道格拉斯生产函数）形式，主要是因为我们的生产投入项较多，如果使用超越对数生产函数，则会产生很多交互项，容易导致估计偏误。

"是否使用机械化服务"作为干预变量，实际上在估计随机前沿生产函数时，可以将这个干预变量放进效率项 u_i 中进行直接估计，但是，这会碰到样本选择问题，即"是否使用机械化服务"是受某些其他的外生变量决定，如果是这样，那么直接将其作为虚拟变量放进随机前沿生产函数里进行估计就会造成效率值估计结果的有偏。

尽管样本选择问题在其他经济学研究中得到广泛注意,但是在研究生产效率领域,对样本选择的关注依然只有很少的文献(Mayen et al.,2010;Greene,2010),为了凸显样本选择问题给估计结果带来的差异,用以下两步法进行研究:

第一步:不考虑样本选择问题,直接将是否使用机械化服务作为虚拟变量放入效率项函数中,使用随机前沿生产函数进行生产函数和效率函数的同步估计,观察机械化服务对粮食生产效率的影响。

第二步:考虑样本选择问题,首先通过倾向得分匹配方法,对是否使用机械化服务的农户家庭进行重新匹配分组(实验组合对照组),然后通过随机前沿生产函数计算效率值(不把"是否使用机械化服务"放在效率项),估计出单个农户家庭的粮食生产效率值,然后在匹配后的实验组和对照组之间,观察机械化服务对粮食生产效率的影响。

一 随机前沿函数直接估计

因为 2012 年四川省地震数据中没有分别调查各作物的机械化服务情况,无法区分不同粮食作物的机械化服务情况,所以,在对生产函数效率值估计中取小麦、水稻和玉米的生产之和。假设随机前沿生产函数模型如下:

$$\ln Y_i = \beta_0 + \sum_i \beta_i x_i + v_i - u_i \tag{2.30}$$

$$v_i \sim \text{Normal}(0, \sigma_v^2) \tag{2.31}$$

$$u_{it} = (\gamma' z_{it} + \varepsilon_{it}) \geqslant 0 \tag{2.32}$$

$$u_i \sim N^+(\gamma' z_i, \sigma_u^2) \tag{2.33}$$

在生产函数 $f(x_i; \beta)$ 的估计方程中,因变量 Y_t 为小麦和水稻产量(单位:千克)。自变量 x_i 有 7 个,分别是 x_1 为播种面积(亩)、x_2 为劳动力投入量(天)、x_3 种子投入费用(元)、x_4 为化肥投入费用(元)、x_5 为农药投入费用(元)、x_6 为水电灌溉费用(元)、x_7 为机械作业费用(元),以上基本统计量如表 2-1 所示。

β_0 截距项，β_i 为各自变量的估计系数。v_i 为方程误差项，假设其分布服从正态分布。$-u_i$ 为方程无效率项，即生产效率函数，假设其分布服从截尾正态分布，γ' 为 z_i 对应的估计系数向量，σ_v 为白噪声的方差，σ_u 为无效率项的方差。

表 2-1　　　　　四川省农户粮食生产投入产出统计量

	均值	中值	最小值	最大值	样本数
粮食产出（千克）	1275.00	1080.00	25.00	9300.00	537
播种面积（亩）	3.10	2.80	0.20	13.50	537
劳动力投入量（天）	61.44	50.00	3.00	342.00	537
种子投入费用（元）	127.97	100.00	10.96	633.60	537
化肥投入费用（元）	300.87	270.00	14.85	1136.67	537
农药投入费用（元）	75.68	60.00	4.67	430.00	537
水电灌溉费用（元）	79.24	65.88	3.57	496.04	451
机械作业费用（元）	196.22	150.00	2.50	1641.25	507

资料来源：农业部固定观察点 2011 年四川省农户调查数据。

在效率函数 u_i 估计方程中，假设农户家庭特征变量将会影响小麦和水稻的生产效率值，这些农户特征变量 z_i 包括户主年龄、户主教育年限、是否为党员户（1＝是；0＝否）、是否为村干部户（1＝是；0＝否）、农户家庭的耕地面积、劳动力数量、家庭人口结构类型。①②

"是否使用机械化服务"作为干预变量，实际上在估计随机前沿生产函数时，可以将这个干预变量放进效率项 u_i 中进行估计，但是会碰到一个样本选择问题，即"是否使用机械化服务"是受某些其他的外生变量决定，如果是这样，那么直接将其作为虚拟变量放

---

① 从第四章的实证情况来看，第四章所定义的两种家庭人口结构类型的实证分析结果基本上一致，所以，为了简化本章的分析，将取第二种家庭人口结构定义，即"农户家庭人口定义 b"来反映农户家庭的人口特征。

② 此处不再列农户家庭各特征变量的统计情况。

进随机前沿生产函数里进行估计就会造成估计结果的有偏。

为了检验样本选择是否会给估计结果带来影响，先直接不考虑样本选择的问题，直接将"是否使用机械化服务"放入方程中估计，表2-2反映了效率函数的估计结果。为了控制各个实变量的方差，防止方差过大而影响估计结果，所以生产函数的实变量均取对数函数进行估计。另外，为了进行稳健性的检验，方程N1没有控制村虚拟变量，N2控制了村虚拟变量，从村虚拟变量的结果来看，很多村的估计系数都在1%统计水平上显著，说明村与村之间存在较大差异，控制村效应更有必要。

在生产函数中，播种面积亩数、种子投入费用、化肥投入费用和水电灌溉费用对粮食产量有显著影响，系数都为正。其中播种面积亩数的产出弹性系数较大，接近0.6。在效率估计方程中，作为控制变量的农户家庭特征变量对效率影响不显著。

在效率函数中，农户家庭的基本特征变量对效率函数并没有显著的影响，尤其是人口结构方面，这与胡雪枝和钟甫宁（2012）研究农村人口结构老龄化对粮食生产的结果相近。

表2-2　四川省生产效率估计的实证结果（不处理样本选择）

生产函数	N1	N2
播种面积	0.891*** (0.06)	0.608*** (0.07)
劳动力投入量	-0.055** (0.03)	0.056 (0.04)
种子投入费用	0.013 (0.04)	0.106*** (0.04)
化肥投入费用	0.04 (0.03)	0.086** (0.04)
农药投入费用	-0.022 (0.02)	0.034 (0.03)
水电灌溉费用	0.026 (0.02)	0.089*** (0.03)
机械作业费用	0.024* (0.01)	-0.02 (0.02)
效率函数		
户主年龄	-0.797 (0.56)	-0.656 (0.80)
户主教育水平	0.477** (0.23)	0.717* (0.38)
是否为村干部户（1=是；0=否）	0.461 (0.51)	1.814 (1.31)
是否为村党员户（1=是；0=否）	-0.047 (0.27)	-0.021 (0.42)

续表

生产函数	N1	N2
是否为少数民族户（1=是；0=否）	0.171（1.05）	1.014（3.00）
家庭劳动力总数	0.162（0.34）	0.022（0.46）
土地面积	-0.073（0.22）	0.143（0.31）
土地块数	0.024（0.02）	0.016（0.02）
农户人口定义 b.1	0.175（0.32）	0.005（0.47）
农户人口定义 b.2	0.362（0.24）	0.393（0.35）
是否使用机械化服务	-1.840***（0.25）	-1.057***（0.40）
村虚拟变量	否	是
样本	365	365
χ^2	3996.775	4480.595
合计	-55.824	-187.741

注：＊＊＊、＊＊和＊分别表示1%、5%、10%的显著水平；因变量和自变量都取以 e 为底的对数函数。

资料来源：农业部固定观察点2011年四川省农户调查数据。

"是否使用机械化服务"的虚拟变量在1%统计水平上高度显著，估计系数为负，说明机械化的使用会给粮食生产效率带来负面影响。当然这是在控制样本选择情况下的实证结果，以下我们用 PSM 方法控制样本选择问题以后再进行实证结果的对比。

二 倾向得分匹配分组估计

由于样本较少，所以只选择用"最近匹配"方法。首先进行倾向得分估计，即用农户家庭特征变量对使用或者不使用机械化服务的选择虚拟变量进行 Logit 模型估计，方程如下：

$$p(X_i) = Pr(T=1 \mid X_i) = \frac{\exp(\beta_i x_i)}{1 + \exp(\beta_i x_i)} \quad (2.34)$$

其中，T 为农户 i 使用机械化服务的选择变量，当 $T=1$ 时表示使用机械化服务；当 $T=0$ 时表示不使用机械化服务；x_i 为农户家庭特征变量，包括户主年龄、户主教育年限、是否为党员户（1=是；0=否）、是否为村干部户（1=是；0=否）、农户家庭的耕地面积、劳动力数量、家庭人口结构类型①，这些基本统计量参考表2-2所示，X_i为所有x_i的向量矩阵，β_i为各农户家庭特征变量所分别对应的估计系数，β_i将由最大似然法估计得到。

计算倾向得分以后，共得到425个农户样本，其中实验组使用机械化服务的农户样本为198个，不使用机械化服务的匹配组农户样本为227个，各农户家庭倾向得分统计量如表2-3所示。

以下进行最近匹配，公式如下：

$$C(i) = \min_j \|p_i - p_j\| \tag{2.35}$$

本书使用Stata软件进行匹配分析，使用attnd命令。在Stata的估计过程中，是同时进行最近匹配，并同时给出使用机械化服务给农户家庭所造成的平均处理效果（ATT）。

表2-3　　　　　　　　四川省倾向得分基本统计量

	均值	中值	最小值	最大值	样本数
农户家庭效率值	0.89	0.90	0.50	0.98	365

资料来源：农业部固定观察点2011年四川省农户调查数据。

为了获得稳健的估计结果，在匹配时使用新近发展的"自抽样法"，其基本思路是：1）从总样本中重复随机抽取n个样本，称之为"子样本群"；2）根据所选的匹配方法（笔者所用最近匹配法）计算该子样本群的平均处理效果ATT_1；3）将第一步和第二步重复进行K次（Stata软件默认K=50），得到平均处理效果ATT的50个统计量，即ATT_1，ATT_2，ATT_3，…，ATT_{50}；4）计算ATT_1，ATT_2，ATT_3，…，ATT_{50}的标准差（sd），即可以得到原始样本ATT平均统计量的标准误（se），然后再对ATT进行t检验统计（Becker and Ichino，2002；连玉君、苏治和谷月东，2010），这样就可以得到一

---

① 从第四章的，实证情况来看，第四章所定义的两种家庭人口结构类型的实证分析结果基本上一致，所以，为了简化本章的分析，将取第二种家庭人口结构定义，即"农户家庭人口定义b"来反映农户家庭的人口特征。

个更加稳健的检验结果。

首先来看匹配结果，未匹配前的实验组农户样本为198个，匹配后农户样本减少为183个。未匹配前对照组农户样本为227个，匹配后农户样本减少为90个。匹配效果如图2-1所示。

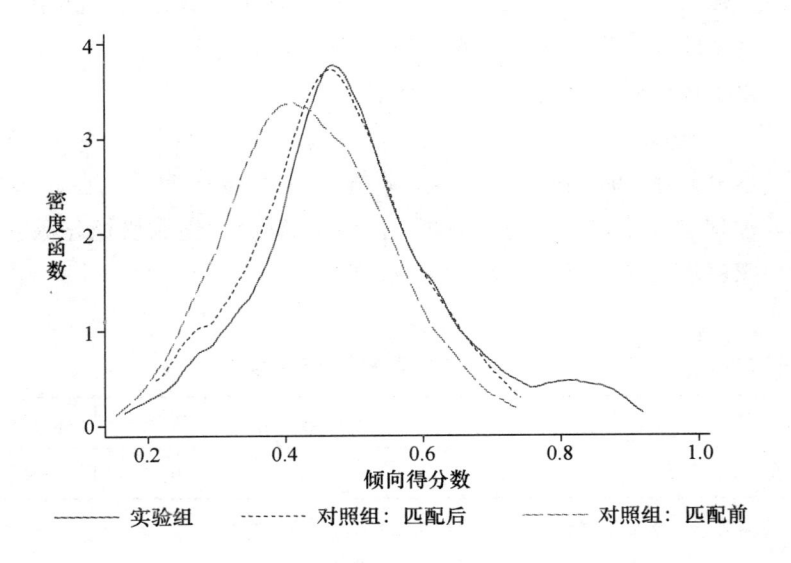

图2-1　四川省机械化服务匹配效果（a）

资料来源：笔者计算。

从图2-1可以看到，实验组的倾向得分分布图有个明显的截尾（倾向得分大于0.8的部分），而匹配组在其截尾区域没有相应的样本，为了使实验组和对照组匹配出更好的效果，我们必须要去掉实验组的这个截尾，方法是在匹配时，将实验组和对照组的倾向得分值都控制在0.8以下，即对那些倾向得分大于0.8的农户样本不进行匹配。

控制倾向得分小于0.8以后重新匹配，再次匹配的效果如图2-2所示，此时匹配后的实验样本为182个，对照组样本依然为90个，可以看出来实际上图2-2的实验组截尾是因为一个样本造成的。

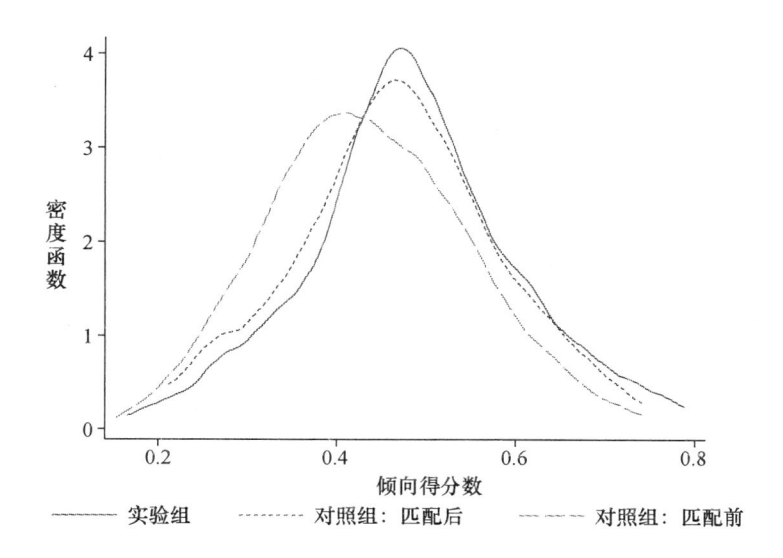

图 2-2　四川省机械化服务匹配效果（b）

资料来源：笔者计算。

此时，看到匹配后的实验组与对照组呈现出高度的重合，这表明具有相同特征的农户家庭同时分布在实验组和对照组里面，并且其分布在两组之间没有显著差异。

表 2-4 反映了在匹配后实验组和对照组之间机械化服务对粮食生产效率值的干预处理效果。① 从结果可以看到，干预处理效果估计系数等于 -0.005，t 统计量等于 -0.561，对应的 P 值等于 0.319，即意味着在实验组和对照组之间机械化服务并没有给粮食生产效率带来显著的差异影响。

表 2-4　　　　　　　四川省倾向得分匹配干预处理效果

机械化服务干预	实验组	对照组	ATT	方差	T
处理效果	188	90	0.036	0.01	3.742

资料来源：笔者计算。

---

① 表 5-4 中的粮食生产效率值的来源是附录 1 表中的估计结果，不能采用表 5-2 中的效率估计值，因为表 5-2 中的粮食生产效率值是在效率函数 u_{it} 包括 "是否使用机械化服务" 的虚拟变量情况下，所以，我们需要重新估计一个生产效率值。

为了进一步对其进行稳健性检验，将匹配后重新生产的"是否使用机械化服务"实验组和对照组虚拟变量代入随机前沿生产函数的效率项 u_{it} 进行直接估计，表 2-5 反映了其结果，可以看到，控制了样本选择后（即通过匹配方法重新分组实验组和对照组样本），用随机前沿生产函数直接估计时，"是否使用机械化服务"虚拟变量的估计系数不再显著，即意味着机械化服务对粮食生产效率并没有显著影响。

表 2-5　四川省生产效率估计实证结果（处理样本选择）

生产函数	样本 1	样本 2
播种面积	0.858*** (0.07)	0.781*** (0.08)
劳动力投入量	-0.043 (0.03)	0.004 (0.05)
种子投入费用	0.042 (0.04)	0.063 (0.04)
化肥投入费用	0.022 (0.03)	0.024 (0.04)
农药投入费用	-0.007 (0.02)	0.035 (0.03)
水电灌溉费用	0.004 (0.02)	0.069** (0.03)
机械作业费用	0.043*** (0.02)	-0.014 (0.02)
效率函数		
户主年龄	-5.996** (2.96)	-2.322 (2.34)
户主教育水平	-0.236 (0.47)	0.743 (0.78)
是否为村干部户（1=是；0=否）	-0.435 (1.12)	0.774 (1.12)
是否为村党员户（1=是；0=否）	-0.398 (0.59)	-0.191 (0.53)
是否为少数民族户（1=是；0=否）	1.783 (2.47)	14.352 (206.24)
家庭劳动力总数	-0.328 (0.63)	-0.551 (0.65)
土地面积	-0.772* (0.47)	-0.028 (0.41)
土地块数	0.106** (0.05)	0.072 (0.05)
农户人口定义 b.1	1.67 (1.06)	0.382 (0.82)
农户人口定义 b.2	0.219 (0.51)	0.367 (0.47)
是否使用机械化服务	-2.743*** (1.00)	-1.207 (0.89)
村虚拟变量	否	是
样本	365	365

续表

生产函数	样本1	样本2
χ^2	3996.775	4480.595
合计	-55.824	-187.741

注：***、**和*分别表示1%、5%和10%的显著水平；因变量和自变量都取以e为底的对数函数。

资料来源：农业部固定观察点2011年四川省农户调查数据。

三 小结

通过随机前沿生产函数和倾向得分匹配两种方法分别估计机械化服务对农户家庭粮食生产效率的影响，两种方法得出完全不一样的结论，表明样本选择问题在本节研究中较为严重。在利用得分倾向匹配方法控制了样本选择问题以后，结果表明，械化服务的干预处理效果在统计上并没有显著影响，即"是否使用机械化服务"对粮食生产效率没有显著影响。

第六节 十一省农业机械化服务对粮食生产效率的影响

上一节利用2011年四川省农户数据研究结果表明，样本选择问题对研究粮食生产效率有显著影响。为了进行更稳健的检验，本节利用跨省的数据进行实证研究，在2012年与农业部固定观察点办公室合作进行了农业机械化服务专项调研数据（农户层面），包括河北、辽宁、江苏、安徽、福建、江西、山东、湖北、湖南、四川和陕西共11个省份，1096份有效问卷。

11个省份的农户数据调查了各工序的机械化服务使用情况，我们将分工序进行研究。为了简化分析和增加实证分析的样本量，不对水稻和小麦作物进行单独研究，只对粮食进行综合分析（包括水稻和小麦）。在耕田、播种和收割三个环节中，无论水稻和小麦，只要其任一作物使用机械化服务,我们认为,该环节使用了机械化服务。

2012年由农业部组织的这次农业机械化服务专项调研,虽然调查了11个省份,但是,在某些省份机械化服务几乎完全实行(比如河北省、江苏省、江西省、山东省和陕西省),这一方面是由当地的农业机械化服务发展所决定,比如江苏和山东都是农业机械跨区作业的主要发展地区;另一方面也是由在调查中抽样的随机性所决定。然而,在使用倾向得分进行匹配时,一旦这些省份绝大多数农户都使用了机械化服务,则很难产生足够的对照组样本,所以使倾向得分匹配将出现大的偏差。鉴于这种情况,去掉这些省份样本,只分析那些农户样本中,既有使用机械化服务,又有不使用机械化服务的省份进行分析,这些省份包括辽宁、安徽、福建、湖北、湖南和四川6个省份。

一 粮食生产效率值估计

尽管分不同环节来观察机械化服务对粮食生产效率的影响,但是,三个环节都是对粮食生产效率值进行检验,所以,每个农户家庭的粮食生产效率值只有一个。利用随机前沿生产函数估计农户家庭的粮食生产效率值时,不应当加入"是否使用机械化服务"虚拟变量,方程如下:

$$\ln Y_i = \beta_0 + \sum_i \beta_i x_i + v_i - u_i \tag{2.36}$$

$$v_i \sim \text{Normal}(0, \sigma_v^2) \tag{2.37}$$

$$u_{it} = (\gamma' z_{it} + \varepsilon_{it}) \geqslant 0 \tag{2.38}$$

$$u_i \sim N^+(\gamma' z_i, \sigma_u^2) \tag{2.39}$$

在生产函数 $f(x_i; \beta)$ 估计方程中,因变量 Y_t 为小麦和水稻产量(千克)。自变量 x_i 有7个,分别是 x_1 为播种面积(亩)、x_2 为劳动力投入量(天)、x_3 为种子投入费用(元)、x_4 为化肥投入费用(元)、x_5 为农药投入费用(元)、x_6 为水电灌溉费用(元)、x_7 为机械作业费用(元)。β_0 为截距项。β_i 为各自变量的估计系数。v_i 为方程误差项,假设其分布服从正态分布。$-u_i$ 为方程无效率项,即为生产效率函数,假设其分布服从截尾正态分布,σ_u^2 为方差平方项。

在效率函数 u_i 估计方程中，假设农户家庭特征变量将会影响小麦和水稻的生产效率值，这些农户特征变量 z_i 包括户主年龄、户主教育年限、是否党员户（1＝是；0＝否）、是否为村干部户（1＝是；0＝否）、农户家庭的耕地面积、劳动力数量、家庭人口结构类型，γ' 为 z_i 所对应的估计系数向量。①②

表 2-6 反映了效率函数的估计结果。为了控制各个实变量的方差，防止方差过大而影响估计结果，所以生产函数的实变量均取对数函数进行估计。另外，为了控制省与省之间的差异，我们控制了省虚拟变量，从省虚拟变量的结果来看，很多村的估计系数都在 1% 统计水平上显著，说明省与省之间存在较大差异。

表 2-6　　　　　　　　十一省生产效率估计的实证结果

生产函数	样本1	样本2
播种面积	0.571*** (0.07)	0.530*** (0.07)
劳动力投入量	-0.048 (0.03)	-0.034 (0.03)
种子投入费用	0.051 (0.04)	0.084** (0.04)
化肥投入费用	0.108** (0.05)	0.062 (0.05)
农药投入费用	0.037 (0.03)	0.031 (0.03)
水电灌溉费用	0.065*** (0.02)	0.159*** (0.03)
机械作业费用	0.150*** (0.03)	0.146*** (0.03)
效率函数		
户主年龄	0.449 (2.71)	-1.9 (1.79)
户主教育水平	0.759 (1.66)	0.162 (0.65)
是否为村干部户（1＝是；0＝否）	12.765 (59.08)	1.075 (4.08)

---

① 从第四章的实证情况来看，第四章所定义的两种家庭人口结构类型的实证分析结果基本上一致，所以，为了简化本章的分析，将取第二种家庭人口结构定义，即"农户家庭人口定义b"来反映农户家庭的人口特征。

② 此处不再列方程各变量的统计情况，可以参考第五章十一省粮食生产和家庭特征变量的基本统计量。

续表

生产函数	样本1	样本2
是否为村党员户 (1=是；0=否)	-1.333（1.24）	-0.764（0.77）
是否为少数民族户 (1=是；0=否)	6.535（41.92）	8.666（59.33）
家庭劳动力总数	-2.069*（1.22）	-0.879（0.96）
土地面积	-0.007（0.71）	-0.287（0.53）
土地块数	0.064（0.06）	0.078（0.05）
农户人口定义 b.1	-1.139（1.52）	-1.437（1.85）
农户人口定义 b.2	-5.923（9.10）	-2.86（2.28）
省虚拟变量	否	是
样本	250	250
χ^2	2684.646	3168.951
合计	57.983	32.218

注：***、**和*分别表示1%、5%和10%的显著水平；因变量和自变量都取以 e 为底的对数函数。

资料来源：农业部固定观察点2012年十一省农户调查数据。

在生产函数中，播种面积、种子投入费用、水电灌溉费用和机械化投入费用对粮食产量有显著影响，系数都为正。其中播种面积亩数产出弹性系数较大，接近0.53。在效率估计方程中，作为控制变量的农户家庭特征变量对效率的影响都不显著。所有农户家庭的粮食生产效率值如表2-7所示。

表2-7　　　　　十一省农户家庭的粮食生产效率值

	均值	中值	最小值	最大值	样本数
农户家庭效率值	0.91	0.92	0.60	1.00	250

资料来源：农业部固定观察点2011年四川省农户调查数据。

二　倾向得分匹配效应

首先使用 Logit 模型进行倾向得分估计，方程如下：

$$p(X_i) = \Pr(T=1 \mid X_i) = \frac{\exp(\beta_i x_i)}{1 + \exp(\beta_i x_i)} \quad (2.40)$$

第二章　农业机械替代劳动力对粮食生产效率的影响 | 75

其中，T 为农户在耕田、播种和收割三个环节中使用机械化服务的选择变量，当 $T=1$ 时表示在该环节使用机械化服务；当 $T=0$ 时表示在该环节不使用机械化服务；x_i 为农户家庭特征变量，包括户主年龄、户主教育年限、是否为党员户（1 = 是；0 = 否）、是否为村干部户（1 = 是；0 = 否）、农户家庭的耕地面积、劳动力数量、家庭人口结构类型，这些基本统计量上文已有统计，在此就不再赘述。β_i 为各农户家庭特征变量所分别对应的估计系数，这些估计系数将由最大似然法估计得到。同样，我们在这里使用"自抽样法"，这样可以部分解决样本数量不够的问题，使标准误差更加精确，有利于进行统计学 t 检验。

（一）耕田环节

在耕田环节，进入匹配过程的农户样本有 301 个，其中 60 个农户不使用机械化服务，241 个农户使用机械化服务。经过匹配以后，使用机械化服务的实验组样本依然为 241 个，而不使用机械化服务的对照组减少为 33 个，效果如图 2-3 所示。

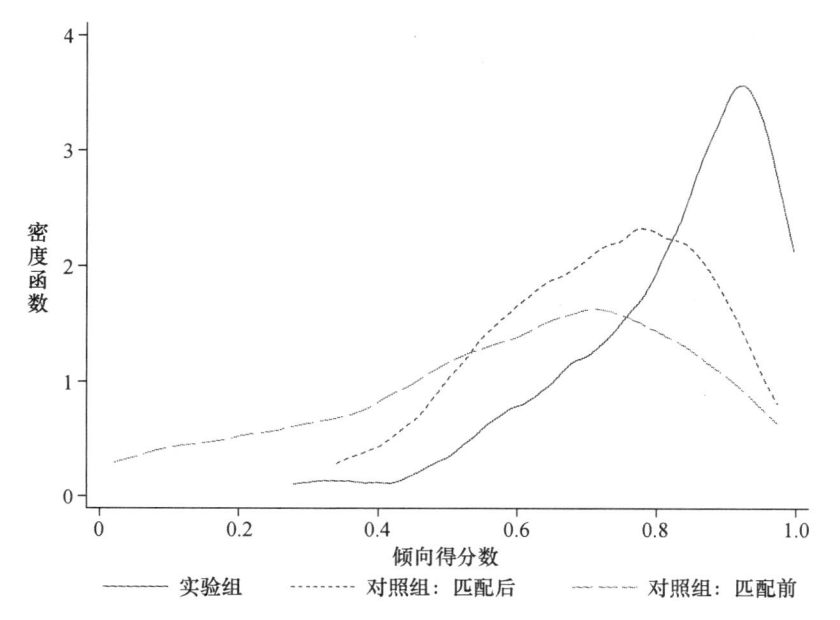

图 2-3　六省耕田环节机械化服务匹配效果

资料来源：笔者计算。

从图 2-3 可以看到，匹配前，使用和不使用机械化服务的两条分布曲线差异较大，经过匹配，分别代表的实验组和对照组的分布就较为接近。

表 2-8 反映了耕田环节在匹配后实验组和对照组之间机械化服务对粮食生产效率值的干预处理效果。从结果可以看到，干预处理效果估计系数等于 -0.009，t 统计量等于 -1.005，对应的 P 值等于 0.361，即意味着在耕田环节中，实验组和对照组之间机械化服务并没有给粮食生产效率带来显著的差异影响。

表 2-8　六省耕田环节的干预处理效果

机械化服务干预处理效果	实验组	对照组	ATT	方差	t
	241	33	-0.009	0.01	-0.889

资料来源：笔者计算。

（二）播种环节

在播种环节中，进入匹配过程的农户样本有 233 个，其中 197 个农户不使用机械化服务，36 个农户使用机械化服务。经过匹配以后，使用机械化服务的实验组样本依然为 36 个，而不使用机械化服务的对照组减少为 29 个，效果如图 2-4 所示。

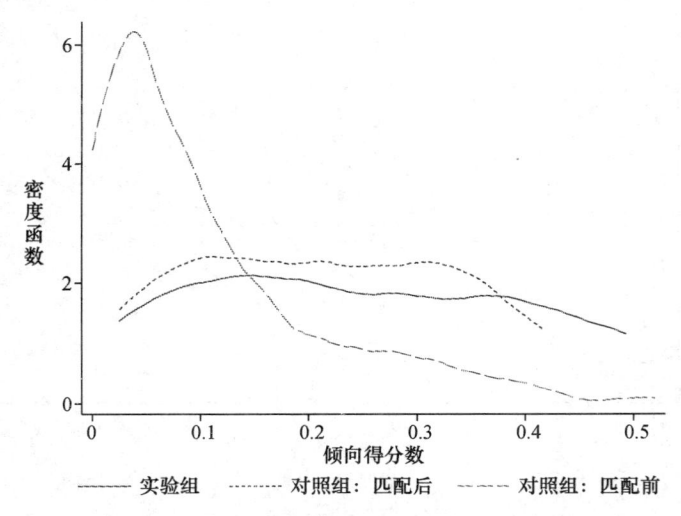

图 2-4　六省播种环节机械化服务匹配效果

资料来源：笔者计算。

从图 2-4 可以看到，匹配前，使用和不使用机械化服务的两条分布曲线差异较大，而经过匹配后，分别代表的实验组和对照组的分布就较为接近。

表 2-9 反映了播种环节在匹配后实验组和对照组之间机械化服务对粮食生产效率值的干预处理效果。从结果可以看出，干预处理效果估计系数等于 -0.004，t 统计量等于 -0.302，对应的 P 值等于 0.379，即意味着在播种环节中，实验组和对照组之间机械化服务并没有给粮食生产效率带来显著的差异影响。

表 2-9　　　　　　六省播种环节的干预处理效果

机械化服务干预处理效果	实验组	对照组	ATT	方差	t
	36	23	-0.004	0.013	-0.261

资料来源：笔者计算。

（三）收割环节

在收割环节进入匹配过程的农户样本有 292 个，其中 104 个农户不使用机械化服务，188 个农户使用机械化服务。经过匹配以后，使用机械化服务的实验组样本依然为 188 个，而不使用机械化服务的对照组减少为 45 个，效果如图 2-5 所示。

从图 2-5 可以看到，匹配前，使用和不使用机械化服务的两条分布曲线差异较大，而经过匹配后，分别代表的实验组和对照组的分布就较为接近。

表 2-10 反映了收割环节在匹配后实验组和对照组之间机械化服务对粮食生产效率值的干预处理效果。可以看到，干预处理效果估计系数等于 0.001，t 统计量等于 0.06，对应的 P 值等于 0.398，即意味着在收割环节中，实验组和对照组之间机械化服务并没有给粮食生产效率带来显著的差异影响。

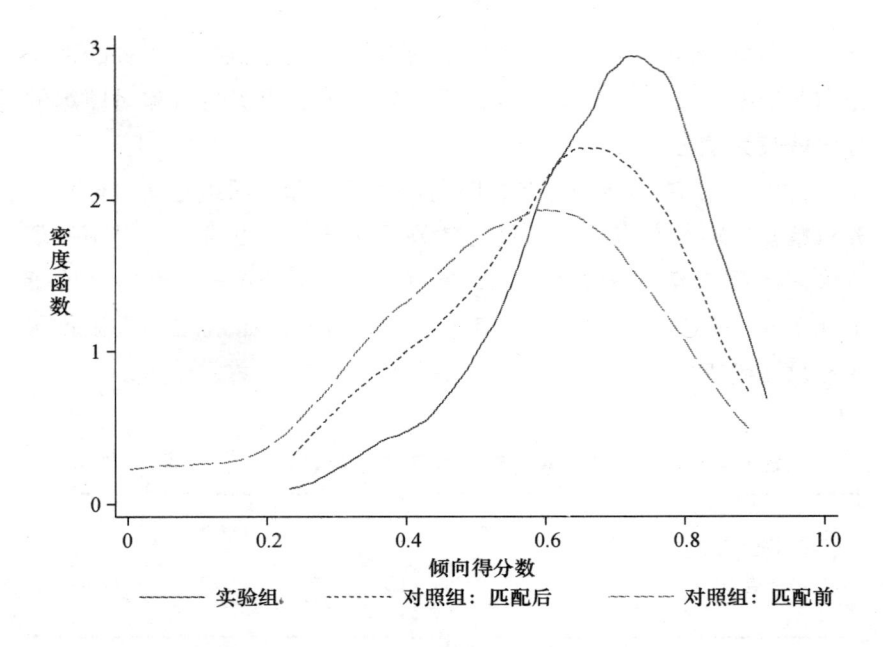

图 2-5　六省收割环节机械化服务匹配效果

资料来源：笔者计算。

表 2-10　　　　　　　六省收割环节的干预处理效果

机械化服务干预处理效果	实验组	对照组	ATT	方差	t
	188	45	0.001	0.014	0.06

资料来源：笔者计算。

三　小结

利用倾向得分匹配法对2012年农业部组织的粮食机械化服务专项调查数据进行分析，其中分耕田、播种和收割三个环节研究，最后得出的干预处理效果表明，"是否使用机械化服务"在这三个环节中，对粮食生产效率都没有显著的影响。

第七节　结论

本章试图回答农户家庭使用机械化服务是否影响粮食生产效率，

"是否使用机械化服务"可以将之视为外生干预。对其估计有两种常用的方法：一种方法是通过随机前沿生产函数直接估计，即将"是否使用机械化服务"作为效率函数的影响因素；另一种方法是先估计粮食的生产效率值，再通过倾向得分匹配进行实验组和对照组的干预处理效果分析。这两种方法的主要区别在于后者可以控制样本选择对估计结果造成的偏差。

首先，用这两种方法对2011年农业部组织的四川省农户家庭机械化数据进行分析，用随机前沿生产函数直接估计得出的结果是，使用机械化服务对粮食生产效率有显著负向影响。而用倾向得分匹配方法得出的结果是使用机械化服务对粮食生产效率无显著影响，这说明了样本选择问题确实存在。

其次，用得分匹配方法再对2012年农业部组织的十一省农户家庭机械化服务专项调查数据进行分析，由于该调查详细区分了粮食生产的不同环节，包括耕田、播种和收割。在对这三个环节进行倾向得分匹配分析后，研究结果表明："是否使用机械化服务"在这三个环节中，对粮食生产效率都没有显著的影响。

最后，综合两次使用不同数据和不同方法可以得出，使用机械化服务对粮食生产效率并没有显著影响。

第三章 劳动力价格、人口结构变化对粮食种植结构的影响[*]

近年来，农村劳动力价格不断上涨且人口结构不断老龄化，它们是否会显著影响中国粮食生产的种植结构？为了研究这个问题，本章从宏观和微观两个层面分别进行实证分析。研究结果表明，在宏观省级层面，农村劳动力价格上涨对粮食作物种植比例有显著负向影响，而对经济作物的种植比例有显著正向影响，尤其是对蔬菜作物种植比例促进幅度较大。微观农户层面的实证结果与宏观结果保持一致，凸显了实证结果的稳健性。在农户家庭人口结构方面，宏观层面和微观层面的实证结果都表明老年劳动力比例对粮食生产无显著影响，而女性劳动力比例高对粮食种植比例有负面影响，而对经济作物种植比例有正面影响。

第一节 引言

中国人多地少，人口约占世界总人口的20%，而耕地面积只占世界总耕地面积的7%，所以立足于国内生产，满足于刚性增长的粮食需求，一直是中国农业与粮食发展的基本目标之一。在经历了1999—2003年的粮食生产下降过程后，从2004年以来，粮食每年的持续增长，已经创下了"十一连增"的纪录，在产量持续增长的

---

[*] 执笔人：杨进，华中科技大学经济学院；钟甫宁，南京农业大学经济管理学院；陈志钢，国际食物政策研究所；彭超，农业部农村经济研究中心。

背后，中国的粮食生产结构在发生什么变化呢？尤其随着改革开放以来中国工业经济的迅速发展，产生了大量非熟练劳动力的市场需求，导致劳动力价格不断上涨，相关研究已经表明，2004年开始呈现出两位数的增长速度（蔡昉，2007；Zhang等，2013）。劳动力价格的不断上涨，已经诱导了大量农村劳动力的转移，在这种情况下，劳动力价格是不是也会诱导粮食的种植结构产生大的变化呢？另外，中国人口结构也逐渐显现出老龄化趋势（齐传钧，2010；胡雪枝和钟甫宁，2012；胡鞍钢、刘生龙和马振国，2012），是否农村地区的老龄化趋势也会影响中国粮食生产结构？

以往文献对粮食生产的研究主要集中在三个方面：

其一，主要研究中国粮食生产效率的变化，如杨锦英、韩晓娜和方行明（2013）对中国粮食生产效率进行了实证分析，黄金波和周先波（2010）研究了1978—2008年中国粮食生产的技术效率和全要素生产率变化情况，彭代彦和文乐（2015）研究了农村劳动力结构变化与粮食生产效率的关系，还有张忠明和钱文荣（2010）关于农户土地经营规模对粮食生产效率进行的实证研究等。

其二，主要研究中国粮食生产产量变化，这些研究多是一些专题式分析，如胡雪枝和钟甫宁（2012）研究了农村人口老龄化对粮食生产的影响，王鸥和杨进（2014）研究了农业补贴对粮食生产的影响，王跃梅、姚先国和周明海（2013）研究了农村劳动力外流、区域差异和粮食生产之间的关系等。

其三，主要研究中国粮食生产的地区变化，如伍山林（2000）对于中国粮食生产区域特征和成因做了研究，高帆（2005）对中国1978—2003年粮食生产的地区变化做了研究，薛宇峰（2008）对中国粮食生产区域分化问题的研究，陆文聪和梅燕（2007）利用空间计量经济学模型对中国粮食生产区域格局变化的成因做了实证研究，还有一些相关其他研究（陆文聪、梅燕和李元龙，2008；屈宝香、张华和李刚，2011；曹阳和胡继亮，2010；应瑞瑶和郑旭媛，2013）。

综合来看，在已有学术文献中鲜有研究劳动力价格上涨、人口结构对中国粮食生产结构的影响。鉴于此，为了将这两个问题研究清楚，本章分别从宏观和微观两个层面来进行实证研究，以观察近些年来劳动力价格和人口结构变化对中国粮食生产结构的影响效应。在宏观层面，将主要采取省级数据来进行实证分析，其中粮食生产结构资料来源于历年《中国统计年鉴》，劳动力价格资料来源于历年《农产品成本收益资料汇编》，人口结构变化方面的数据则来源于2000—2010年中国人口普查数据。在微观层面，将主要采用2004—2008年农业部固定观察点历年收集的湖南、四川、江西、山东和黑龙江5个省份微观农户数据。①

研究粮食生产的结构问题，将主要从粮食生产种植面积着手，具体主要可以分为两个部分：首先是粮食生产在整个农作物生产当中的结构问题，即粮食种植面积在农作物总种植面积中的比例；其次是粮食作物内部的结构问题，中国粮食生产主要集中在水稻、小麦和玉米三个作物，所以将主要集中于对这三种粮食作物的研究，即水稻、小麦和玉米三种作物各自播种面积在三者播种面积之和中的比例。

第二节　农村劳动力价格上涨趋势

农村劳动力价格反映在劳动力工资水平上，研究农业部门的劳动力工资主要有两个来源：一个是农业劳动力外出打工工资水平，另一个是农村内部的劳动力雇工工资水平。这两个工资来源有一定差异，外出打工一般是时间周期较长，工资水平较为平滑。农村内部的劳动力雇工常常发生在农忙季节，农忙季节的生产周期较短，其特征是时间短，劳动密集。从单日工资水平来看，农村内部的每

---

① 农业部农村固定观察点农户调查（RCRE）始于1986年，在各个省选取富裕、中等和低三种不同收入水平的县，然后在县一级同样按经济发展水平分层随机选取不同的村，最后在同一村内分层随机选取不同的农户逐年进行跟踪调查，详细记录了农户的生产和消费情况。

日雇工工资常常要高于每日外出打工工资，但从非农收入总额来看，因为外出从事非农务工周期较长，农忙雇工的周期较短，所以外出打工收入的总额往往远大于农村内部的雇工收入总额。在这一节，将分别从宏观层面和微观层面来反映农村内部雇工工资水平和农户家庭劳动力外出打工工资。

一 宏观层面的劳动力工资水平

《农产品成本收益资料汇编》收集了各省不同作物雇工费用，我们用这个数据来反映宏观省级层面的劳动力工资上涨趋势。

如表3-1所示，水稻、小麦、玉米、油料、棉花、烤烟和蔬菜这七种作物的劳动力雇工工资从1998年的20元左右/天上涨到2012年的90元左右/天，尤其是水稻、小麦和玉米三种粮食作物，2012年的劳动力雇工工资水平分别是99元/天、86元/天和83元/天，

表3-1　　　　　不同农作物的雇工工资水平　　　　　单位：元/天

年份	水稻	小麦	玉米	油料	棉花	烤烟	蔬菜
1998	22.56	19.85	12.20	23.95	19.70	14.74	14.32
1999	19.53	10.59	12.33	8.96	11.65	12.42	16.46
2000	20.80	18.20	17.00	17.70	19.40	16.50	17.07
2001	20.90	17.00	16.50	18.30	18.20	16.60	18.70
2002	20.30	17.70	16.40	17.50	17.50	16.50	19.15
2003	21.20	17.90	17.30	18.60	18.50	17.20	20.90
2004	24.03	19.93	20.43	18.17	27.15	18.52	26.49
2005	28.64	17.40	23.07	22.11	29.18	21.98	28.83
2006	33.43	24.53	26.66	26.29	30.30	24.88	30.86
2007	40.08	28.69	31.21	31.33	34.85	31.31	34.06
2008	51.22	39.50	39.22	38.73	39.31	40.48	39.89
2009	57.24	52.62	46.02	45.78	43.71	43.63	44.47
2010	67.02	49.19	52.10	47.79	56.96	48.94	51.49
2011	83.73	70.84	70.36	59.04	72.92	59.17	59.90
2012	99.06	85.76	82.89	66.49	74.68	68.87	67.52

资料来源：历年《农产品成本收益资料汇编》。

其次是棉花为75元/天，其他三种作物都低于70元/天，这主要是因为粮食作物和棉花都属于劳动时间和劳动强度都较为集中的作物，而油料、烤烟和蔬菜则是属于劳动周期较长，劳动平均强度较轻的作物。

二 微观层面的劳动力工资水平

农业部固定观察农户调查数据涵盖了村庄地理地貌特征变量，所以可以区分平原和山区的不同样本，因此我们将从平原和山区分别进行描述。由于农村内部雇工工资样本量较少，而且方差分布较大，这方面的工资数据质量不佳，因此我们用农户家庭成员外出打工工资来反映劳动力价格变化。

表3-2反映了五省固定观察点调查农户2004—2008年的外出打工工资基本情况①，从总样本来看，2004年劳动力外出打工工资水平的均值和中值都稳定在20元/天，逐步上涨到2008年的35元/天和33元/天，样本的变异系数也较为稳定，大约为0.26。就地区差异而言，平原地区和山岭地区的工资水平分布没有较大的差异，也基本上都是从2004年的20元/天上涨到2008年的33—35元/天。

表3-2　　　　　五省劳动力外出打工工资基本情况　　　　单位：元/天

总样本	均值	中值	最小值	最大值	变异系数	样本量
2004年	20.51	20.00	11	30.43	0.26	2190
2005年	22.83	22.92	12	35.11	0.24	2194
2006年	25.66	26.67	13	44.22	0.26	2129
2007年	30.14	30.00	14	50.00	0.27	2247
2008年	34.74	33.33	18	58.33	0.27	1853
总计	26.55	25.00	11	58.33	0.33	10613
平原						
2004年	21.26	20.00	11	30.17	0.30	898

---

① 为了控制调查中其他因素的干扰，我们取各县的中值以反映不同地区的劳动力外出打工工资水平。因为农业部固定观察点在选取样本时，是在一个省选取十个县，然后在每个县选取一个村，最后在每个村内部选取30—100个农户家庭样本，所以，实际上这里所谓每个县即是每个村的工资水平。

续表

总样本	均值	中值	最小值	最大值	变异系数	样本量
2005 年	22.45	22.22	12	35.11	0.29	909
2006 年	25.72	26.67	15	44.22	0.29	919
2007 年	29.98	30.00	15	50.00	0.34	745
2008 年	33.86	32.00	18	56.43	0.30	670
总计	26.12	25.00	11	56.43	0.36	4141
山区						
2004 年	20.00	20.00	11	30.43	0.22	1292
2005 年	23.00	22.92	14	33.33	0.21	1252
2006 年	25.57	26.67	13	37.50	0.24	1181
2007 年	30.94	32.00	14	44.92	0.21	1093
2008 年	35.30	33.85	20	58.33	0.25	954
总计	26.39	25.00	11	58.33	0.31	5772

资料来源：2004—2008 年农业部固定观察点调查数据。

第三节 中国粮食种植结构变化趋势

为研究结构性的变化，本章主要从各类作物的播种面积占总农作物播种面积的比例来进行研究。基于此，我们从两个层面来描述粮食作物随时间的变化趋势：其一，观察粮食作物播种面积在总农作物播种面积的比例变化趋势；其二，观察粮食作物内部的结构变化趋势，主要从水稻、小麦和玉米三者之间进行描述。

一 粮食作物播种面积在总农作物中的结构性变化

表 3-3 反映了 1975—2012 年各类农作物播种面积的历时发展趋势。农作物总播种面积随时间呈现上涨趋势，从 1975 年的 149545 千公顷上涨到 2012 年的 163416 千公顷，上涨幅度为 9.2%。粮食播种面积从 1975 年的 121062 千公顷减少至 2012 年的 111205 千公顷，整体呈现下降的趋势，下降幅度为 8%。蔬菜播种面积从

1980年的3163千公顷增长至2012年的20353千公顷，增长了5.4倍，这是一个较大的变化，在所有农作物中是增长最快的一种。棉花播种面积从1975年的4956千公顷下降至2012年的4688千公顷，下降幅度为5%。麻类播种面积从1975年的634千公顷下降至2012年的101千公顷，下降幅度为84%。油料播种面积从1975年的5652千公顷增加至2012年的13930千公顷，增长了1.5倍。

表3-3　　　　　1975—2012年各类农作物播种面积　　　　单位：千公顷

年份	农作物	粮食	蔬菜	棉花	麻类	油料
1975	149545	121062		4956	634	5652
1980	146380	117234	3163	4920	666	7928
1985	143626	108845	4753	5140	1231	11800
1990	148362	113466	6338	5588	495	10900
1995	149879	110060	9515	5422	376	13102
2000	156300	108463	15237	4041	262	15400
2001	155708	106080	16402	4810	323	14631
2002	154636	103891	17353	4184	338	14766
2003	152415	99410	17954	5111	337	14990
2004	153553	101606	17560	5693	332	14431
2005	155488	104278	17721	5062	335	14318
2006	152150	104958	16639	5816	283	11738
2007	153464	105638	17329	5926	263	11316
2008	156266	106793	17876	5754	221	12778
2009	158614	108986	18390	4949	160	13654
2010	160675	109876	19000	4849	133	13890
2011	162283	110573	19639	5038	118	13855
2012	163416	111205	20353	4688	101	13930

资料来源：历年《中国统计年鉴》。

表 3-4 反映了 1975—2012 年各类农作物播种面积在总农作物播种面积中的比例变化。粮食播种面积比例随时间呈现下降的趋势，从 1975 年占总农作物播种面积的 81% 下降到 2012 年的 68%。经济作物随时间呈现上涨的趋势，如表 3-4 所示上涨最显著的是蔬菜播种面积比例，从 1980 年占总农作物播种面积的 2.2% 上涨到 2012 年的 12.5%。其次是油料，从 1975 年的 3.8% 上涨到 2012 年的 8.5%。棉花播种面积比例随时间有下降趋势，从 1975 年的 3.3% 下降到 2012 年的 2.9%。麻类播种面积从 1975 年的 0.4% 下降至 2012 年的 0.1%。

表 3-4 1975—2012 年各类农作物播种面积比例

年份	粮食作物	蔬菜	棉花	油料	麻类
1975	0.810		0.033	0.038	0.004
1980	0.801	0.022	0.034	0.054	0.005
1985	0.758	0.033	0.036	0.082	0.009
1990	0.765	0.043	0.038	0.073	0.003
1995	0.734	0.063	0.036	0.087	0.003
2000	0.694	0.097	0.026	0.099	0.002
2001	0.681	0.105	0.031	0.094	0.002
2002	0.672	0.112	0.027	0.095	0.002
2003	0.652	0.118	0.034	0.098	0.002
2004	0.662	0.114	0.037	0.094	0.002
2005	0.671	0.114	0.033	0.092	0.002
2006	0.690	0.109	0.038	0.077	0.002
2007	0.688	0.113	0.039	0.074	0.002
2008	0.683	0.114	0.037	0.082	0.001
2009	0.687	0.116	0.031	0.086	0.001
2010	0.684	0.118	0.030	0.086	0.001
2011	0.681	0.121	0.031	0.085	0.001
2012	0.681	0.125	0.029	0.085	0.001

资料来源：历年《中国统计年鉴》。

二 粮食作物内部的结构性变化

表3-5反映了粮食作物内水稻、小麦和玉米三种主要粮食作物的播种面积变化趋势。水稻播种面积随时间呈下降趋势,从1975年的35728千公顷下降到2012年的30137千公顷;小麦播种面积也随时间呈下降趋势,从1975年的27661千公顷下降到2012年的24268千公顷;玉米播种面积随时间呈上涨趋势,从1975年的18598千公顷上涨到2012年的35030千公顷。

表3-5　1975—2012年水稻、小麦和玉米播种面积

单位:千公顷

年份	水稻	小麦	玉米
1975	35728	27661	18598
1980	33878	28844	20087
1985	32070	29218	17694
1990	33064	30753	21401
1995	30744	28860	22776
2000	29962	26653	23056
2001	28812	24664	24282
2002	28202	23908	24634
2003	26508	21997	24068
2004	28379	21626	25446
2005	28847	22793	26358
2006	28938	23613	28463
2007	28919	23721	29478
2008	29241	23617	29864
2009	29627	24291	31183
2010	29873	24257	32500
2011	30057	24270	33542
2012	30137	24268	35030

资料来源:历年《中国统计年鉴》。

表 3-6 反映了水稻、小麦和玉米之间各自播种面积比例随时间变化趋势，水稻播种面积在三种粮食作物中的比例从 1975 年的 43.6% 下降到 2012 年的 33.7%，小麦从 1975 年的 33.7% 下降到 2012 年的 27.1%，玉米从 1975 年的 22.7% 上涨到 2012 年的 39.2%。

表 3-6　　1975—2012 年水稻、小麦和玉米播种面积比例

年份	水稻	小麦	玉米
1975	0.436	0.337	0.227
1980	0.409	0.348	0.243
1985	0.406	0.370	0.224
1990	0.388	0.361	0.251
1995	0.373	0.350	0.276
2000	0.376	0.335	0.289
2005	0.370	0.292	0.338
2006	0.357	0.291	0.351
2007	0.352	0.289	0.359
2008	0.353	0.286	0.361
2009	0.348	0.285	0.366
2010	0.345	0.280	0.375
2011	0.342	0.276	0.382
2012	0.337	0.271	0.392

资料来源：历年《中国统计年鉴》。

三　不同作物的地区性差异

由于中国各个省份经济条件和地理差异，各省份的粮食作物和经济作物播种面积随时间呈现出不同发展情况，研究粮食结构的变化必然要对地区之间的差异有所了解，所以，在这一节我们将主要呈现粮食结构在地区之间的差异情况。

地理划分有不同标准，综合来看，随着交通的便利，经济差异日益成为不同地区的主要差异指标。所以，我们结合经济发展和地

理区位,将全国31个省份划分成4大经济区域:东北地区,包括黑龙江省、吉林省和辽宁省;中部地区,包括山西省、河南省、湖北省、湖南省、江西省和安徽省;东部地区,包括北京市、天津市、河北省、山东省、江苏省、上海市、浙江省、福建省、广东省和海南省;西部地区,包括重庆市、四川省、广西壮族自治区、贵州省、云南省、陕西省、甘肃省、内蒙古自治区、宁夏回族自治区、新疆维吾尔自治区、青海省和西藏自治区。

四 粮食作物和经济作物的地区差异

从上文看到随时间变化,粮食作物和蔬菜是在整个农作物结构中变化最显著的,所以,在这一节地区差异的比较中,我们以这两类作物作为描述对象观察地区差异情况。

表3-7反映了粮食作物播种面积在四大区域的分布情况。西部地区和东部地区的粮食播种面积随时间呈现下降趋势,西部地区从1997年的35141千公顷下降到2012年的34218千公顷,下降幅度为3%;东部地区从1997年的31428千公顷下降到2012年的24977千公顷,下降幅度为21%;中部地区和东北地区的粮食播种面积随时间呈现上涨趋势,中部地区从1997年的31721千公顷上涨至2012年的32663千公顷,上涨幅度为3%;东北地区从1997年的14623千公顷上涨至2012年的19347千公顷,上涨幅度为32%;总体可以看到粮食播种面积是向中部和东北部地区转移,尤其是向东北地区转移的幅度较大,而东部沿海地区的粮食播种面积下降幅度较大。

表3-7 1997—2012年粮食作物在四大区域的变化情况

单位:千公顷

年份	西部地区	东部地区	中部地区	东北地区
1997	35141	31428	31721	14623
1998	35950	31535	31607	14695
1999	35891	31040	31563	14667
2000	34529	28481	30908	14545

续表

年份	西部地区	东部地区	中部地区	东北地区
2001	33823	26733	29625	15899
2002	33294	25622	29801	15174
2003	31706	23779	29053	14872
2004	32180	23725	30024	15677
2005	32807	24670	30805	15997
2006	32001	24377	30727	17852
2007	32062	24282	31012	18282
2008	32552	24478	31346	18416
2009	33456	24735	31852	18943
2010	33796	24841	32112	19126
2011	34035	24900	32421	19218
2012	34218	24977	32663	19347

资料来源：历年《中国统计年鉴》。

表3-8反映了蔬菜播种面积在四大区域的分布情况。四个区域的蔬菜播种面积随时间都呈现出上涨的趋势，西部地区从1997年的2652千公顷上涨到2012年的6271千公顷，增长了136%；东部地区从1997年的4622千公顷上涨到2012年的7394千公顷，增长了60%；中部地区从1997年的3133千公顷上涨到2012年的5714千公顷，增长了82%；东北地区从1997年的881千公顷上涨到2012年的974千公顷，增长了11%。综合来看，西部地区增长速度最快，东北地区增长最慢，东部地区和中部地区增长速度居中。从播种面积来看，在20世纪90年代以东部为主，逐渐演化至以西部、东部和中部为主，而东北地区作为粮食作物的主产区蔬菜种植的增长最缓慢。

表 3-8　　1997—2012 年蔬菜作物在四大区域的变化情况

单位：千公顷

年份	西部地区	东部地区	中部地区	东北地区
1997	2652	4622	3133	881
1998	2873	4991	3485	944
1999	3154	5393	3805	995
2000	3610	6283	4220	1125
2001	3837	6830	4636	1100
2002	4025	7284	4841	1204
2003	4248	7510	5059	1137
2004	4351	7232	5026	951
2005	4583	7130	5051	957
2006	4544	6572	4640	883
2007	4733	6649	5064	883
2008	5027	6758	5205	886
2009	5362	6895	5311	822
2010	5654	7103	5382	860
2011	5948	7237	5529	925
2012	6271	7394	5714	974

资料来源：历年《中国统计年鉴》。

第四节　中国农村人口结构变化

1997—2012 年，随着中国经济的迅速发展，除劳动力工资迅速增长以外，还有一个重要的宏观现象在最近几年内受到了社会的普遍关注，即学术界广泛地谈到的"人口红利"的消失，其核心问题是中国人口年龄结构的变化，由于中国国内没有公布每年不同年龄层次和性别人口结构数据，在这种情况下，我们只能用 2000 年、2005 年和 2010 年的三次人口调查数据来展示中国农村人口结构随时间变化的趋势。

第三章　劳动力价格、人口结构变化对粮食种植结构的影响 | 93

图 3-1 反映了 2000 年中国农村人口年龄和性别结构情况，所使用的数据为 2000 年全国第五次人口普查数据，全国人口普查是每十年进行一次，俗称"大普查"。纵轴是年龄变化，分成 5 个部分，分别是 15 岁以下、15—29 岁、30—44 岁、45—59 岁和 60 岁及以上。横轴是比例，图形左边部分是男性比例，右边部分是女性比例。从图形来看，2000 年，中国人口年龄和性别结构呈金字塔形状。

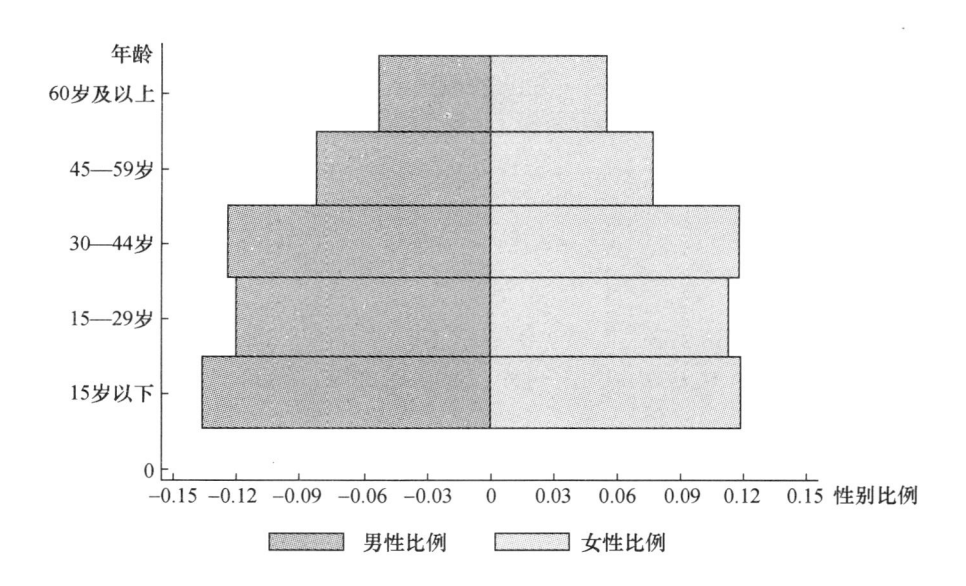

图 3-1　2000 年中国农村分性别年龄人口结构

图 3-2 反映了 2005 年中国农村人口年龄和性别结构情况，所使用的数据为 2005 年全国 1% 的人口抽样调查数据，全国 1% 的人口抽样调查是每五年进行一次，俗称"小普查"，以弥补全国人口每 10 年普查的中间时间段。纵轴是年龄变化，分成 5 个部分，分别是 15 岁以下、15—29 岁、30—44 岁、45—59 岁和 60 岁及以上。横轴是比例，图形左边部分是男性比例，右边部分是女性比例。从图形来看，2005 年，中国农村人口年龄和性别结构相对于 2000 年人口结构而言，顶部和底部更加接近，中间部分也不太突出。

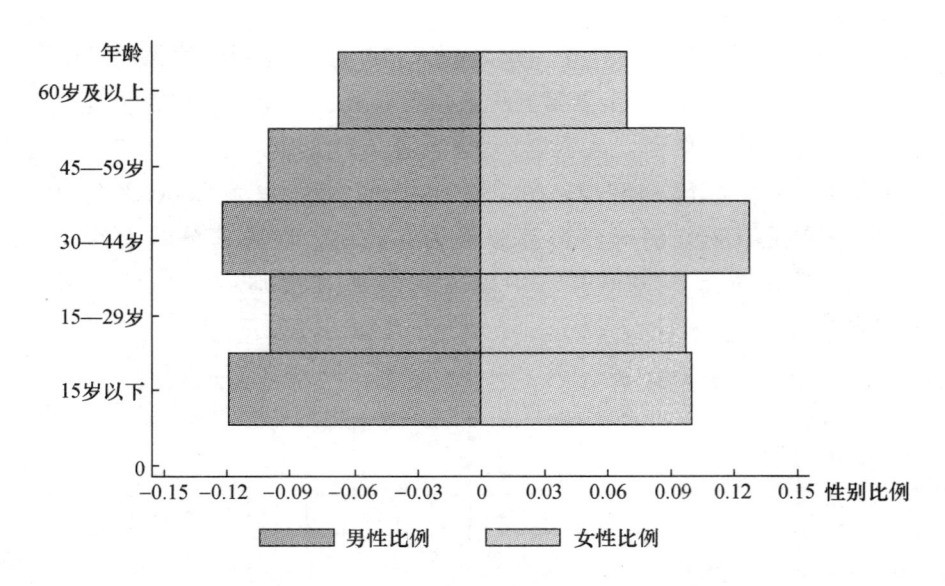

图 3-2　2005 年中国农村分性别年龄人口结构

图 3-3 反映了 2010 年中国农村人口年龄和性别结构情况，所使用的数据为 2010 年全国第六次人口普查数据。纵轴是年龄变化，

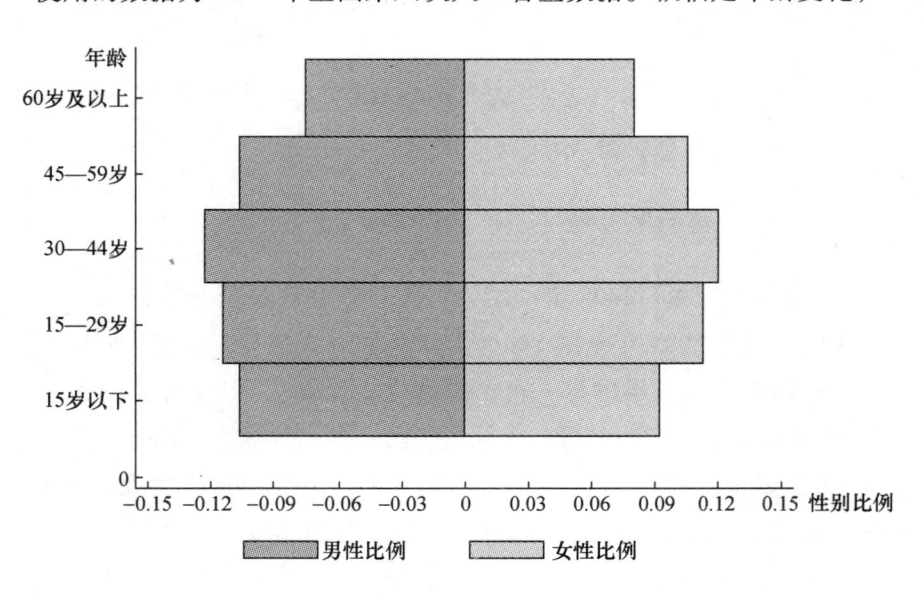

图 3-3　2010 年中国农村分性别年龄人口结构

分成 5 个部分，分别是 15 岁以下、15—29 岁、30—44 岁、45—59 岁和 60 岁及以上。横轴是比例，图形左边部分是男性比例，右边部分是女性比例。从图形来看，2010 年中国农村人口年龄和性别结构呈现出典型的橄榄球形状，即中部稍大，顶部和底部稍小，而且较为对称。

第五节　宏观层面的实证分析

本节将从宏观层面进行实证分析，所使用数据为 1997—2012 年的全国 31 个省份数据来进行分析。下面先构建计量回归方程：

$N^* = \alpha_0 + \alpha_1 w + \alpha_2 pop + \alpha_3 m_0 + \varepsilon$

式中，N^* 为因变量，即为某省种植某种作物的播种面积比例。由于《农产品成本收益资料汇编》只有农村内部雇工工资数据，所以在这一节，我们用农村内部雇工工资指标来替代劳动力价格，w 为劳动力价格自变量，pop 为人口结构变量，α_0 为常数项，α_1、α_2、α_3 分别为各自变量所对应的估计系数，ε 为残差项，m_0 为地区特征变量，包括该地区农业劳动力总数、耕地总数和农业机械总动力。

从上一节的描述来看，不同地区的差异较大，非农就业的机会常常是影响农民选择是否进行农业生产的重要变量，所以，我们加入非农业经济比例（地区总 GDP 值中工业和服务业的比例）来表征地区的经济差异，所有自变量的基本描述如表 3-9 所示。

回归方程中所有实变量都取对数形式，这样做主要有两个目的：其一，取对数以减小其方差，减少残差的波动范围；其二，取对数可以直接反映其弹性，这样又利于对回归系数的解读。另外，为了控制某些不可观察的随时间和随地区变化的影响因素，这些因素有可能构成计量方程回归的内生性问题，所以所有的方程将会添加省份和时间的虚拟变量。

在反映农村人口结构方面，由于只有 2000 年、2005 年和 2010 年的数据，其他年份我们根据这三年进行平滑估算，之所以平滑估

表 3-9　　宏观回归方程中各变量基本描述

	均值	中值	最小值	最大值	变异系数	样本量
粮食比例	0.67	0.68	0.33	0.94	0.18	496
水稻比例	0.37	0.36	0.00	0.99	0.93	464
小麦比例	0.30	0.29	0.00	0.93	0.80	464
玉米比例	0.33	0.33	0.00	0.83	0.72	464
蔬菜比例	0.12	0.10	0.02	0.38	0.62	496
棉花比例	0.03	0.01	0.00	0.42	1.95	395
麻类比例	0.00	0.00	0.00	0.01	1.50	408
油料比例	0.09	0.07	0.00	0.35	0.66	496
农业劳动力（万人）	975.52	762.29	33.38	3558.55	0.78	496
农业机械总动力（万千瓦）	2231.16	1606.66	77.45	12419.87	1.05	496
耕地总数（千公顷）	1809.89	1470.21	150.26	5205.63	0.77	496
非农经济比例	0.85	0.86	0.62	0.99	0.09	496

资料来源：历年《中国统计年鉴》。

算，我们假设各省的人口结构随时间没有剧烈的变化，这也比较吻合现实，因为从1997年以来确实没有发生剧烈的自然变化和人口政策变化。为了尽量减弱因为平滑估算带来的问题，我们不直接用人口比例，而是用两个虚拟变量来反映人口结构，一个是女性劳动力虚拟变量，一个是老年劳动力虚拟变量。在所有31个省份的统计样本中，农村女性劳动力比例波动变化范围为0.46—0.5，其中间值是0.48，为了凸显农村女性劳动力比例在不同省份之间的区别，当某个省份农村女性劳动力比例高于31个省份农村女性劳动力比例中值0.48时，认为该省农村女性劳动力比例相对较高，则赋值该省农村女性劳动力虚拟变量为1；当该省农村女性劳动力比例小于31个省份农村女性劳动力比例中值0.48时，则认为该省农村女性劳动力比例较低，则赋值该省农村女性劳动力虚拟变量为0。农村老年劳动力虚拟变量的赋值遵循相同的原理，在所有31个省份的统计样本中，60岁以上农村老年劳动力比例波动变化范围为0.21—0.39，其中间值为0.3，当某个省份农村60岁以上老年劳动力比例高于0.3时，则认为该省农村老年劳动力比例相对较高，则赋值给该省农村老年劳动力虚拟变量为1；当该省60岁以上农村老年劳动力比例低于0.3时，则认为该省农村老年劳动力比例相对较低，则赋值给该省农村老年劳动力虚拟变量为0。通过这样的分法，我们用两个虚拟变量就能够相对准确地区分出31个省份中哪些省份的农村女性劳动力和老年劳动力比例相对较高，或者是相对较低。

一 粮食作物和经济作物的实证分析结果

表3-10反映了粮食作物和经济作物的实证结果，表中各列的因变量分别为粮食作物播种面积在农作物总播种面积中的比例，蔬菜作物播种面积比例、棉花播种面积比例、麻类播种面积比例和油料播种面积比例。从各省的特征变量来看，农业劳动力数量对粮食作物比例没有显著影响，而对蔬菜、棉花、麻类和油料4种经济作物的种植比例都有显著的正向影响。农业机械总动力和耕地总面积以及非农经济比例在5个回归方程中大多不显著。反映地区差异的非农经济比例对粮食播种面积比例有负向影响，表明地区非农经济越发达，则越少种植粮食作物；在蔬菜和麻类回归方程中，系数为正，且麻类在1%水平上显著，其他都在5%统计水平以上显著，说明地区非农经济越发达，则越倾向于种植蔬菜和麻类等经济作物。

从女性劳动力虚拟变量和老年劳动力虚拟变量看，女性劳动力虚拟变量在5个回归方程中有4个较为显著，其中粮食作物中女性劳动力虚拟变量为负，说明女性劳动力越多，该省越倾向于减少粮食作物的种植。在蔬菜、麻类和油料三个方程中，女性劳动力虚拟变量为正，意味着女性劳动力越多，该省越倾向于从事经济作物的种植。老年劳动力虚拟变量在5个回归方程中，粮食中显著为正。

反映劳动力价格影响的农村内部雇工工资变量在以上5个回归方程中，粮食作物中劳动力价格系数为-0.039①，且在1%统计水

---

① 粮食价格等于水稻、小麦和玉米三种主要粮食作物价格的平均值。

平上高度显著,意味着随着劳动力价格的上涨,各省倾向于减少粮食作物的种植比例,劳动力价格每增加1%,则粮食作物种植比例减少0.039。

表3-10　　　　　　　　粮食作物和经济作物回归结果

	粮食	蔬菜	棉花	麻类	油料
ln 农业劳动力	0.011 (0.03)	-0.054*** (0.02)	0.028*** (0.01)	0.002* (0.00)	0.035*** (0.01)
ln 农业机械总动力	0.050* (0.03)	-0.023 (0.02)	-0.004 (0.01)	-0.003*** (0.00)	0.009 (0.01)
ln 耕地总面积	-0.029 (0.03)	0.014 (0.02)	0.009 (0.01)	-0.003*** (0.00)	-0.008 (0.01)
非农经济比例	-0.425*** (0.15)	0.198** (0.08)	-0.176** (0.07)	0.021*** (0.01)	0.081 (0.05)
女性劳动力虚拟变量	-0.025*** (0.01)	0.016*** (0.00)	0.002 (0.00)	0.001* (0.00)	0.009*** (0.00)
老年劳动力虚拟变量	0.011* (0.01)	-0.001 (0.00)	0.001 (0.00)	0 (0.00)	-0.001 (0.00)
ln 粮食工资	-0.039*** (0.01)				
ln 蔬菜工资		0.032*** (0.01)			
ln 棉花工资			0.016*** (0.01)		
ln 麻类工资				0.001* (0.00)	
ln 油料工资					-0.006* (0.00)
省固定效应	是	是	是	是	是
时间固定效应	是	是	是	是	是
样本	465	465	372	382	465
调整的 R^2	9.04E-01	9.22E-01	9.55E-01	7.28E-01	9.44E-01

注:***、**和*分别表示1%、5%和10%的显著水平。
资料来源:历年《中国统计年鉴》。

蔬菜作物中劳动力价格系数为 0.032，且在 1% 的统计水平上高度显著，意味着随着劳动力价格上涨，各省倾向于增加蔬菜作物的种植比例，劳动力价格每增加 1%，则蔬菜作物种植比例增加 0.032。

棉花作物中劳动力价格系数为 0.016，且在 1% 的统计水平上高度显著，意味着随着劳动力价格上涨，各省倾向于增加棉花作物的种植比例，劳动力价格每增加 1%，则棉花作物种植比例增加 0.016。

麻类作物中劳动力价格系数为 0.001，在 10% 的统计水平上显著，意味着随着劳动力价格上涨，各省倾向于增加麻类作物的种植比例，劳动力价格每增加 1%，则麻类作物种植比例增加 0.001。

油料作物中劳动力价格系数为 -0.006，在 10% 的统计水平上显著，意味着随着劳动力价格上涨，各省倾向于减少油料作物的种植比例，劳动力价格每增加 1%，则油料作物种植比例减少 0.006。

从以上五个方程综合看，劳动力价格上涨有利于促进种植经济作物，尤其是蔬菜，其次是棉花和麻类作物，而对粮食作物而言，劳动力价格上涨则会减少粮食作物种植。对此现象的经济学解释是一种要素价格上升或者引发要素替代或者引发产品替代。相比之下，粮食属于低成本、低产值的产品，油料作物也大体相似。随着劳动力成本上升，生产者可能仍然生产粮食，但采用机械替代劳动力；他们也可能减少粮食生产，扩大高成本、高产值的经济作物生产，用高产值产品替代低产值产品，从而减轻劳动力成本上升带来的冲击。

在中国现实中，粮食（包括油料）本来就属于经济上比较优势相对较低的产品，劳动力成本上升的冲击必然加快粮食生产向高附加值经济作物生产的转移。相对而言，蔬菜等经济作物劳动强度较小，更适合妇女从事生产，因而妇女劳动力比例较高的地方蔬菜种植面积的比例也较高。

二 粮食作物内部结构的实证结果

在了解了劳动力价格上涨如何影响粮食作物和经济作物在农作物中的种植比例后,需要进一步研究劳动力价格如何影响粮食作物内部的结构,即如何影响水稻、小麦和玉米的种植结构,表3-11反映了劳动力价格上涨对这三种主要粮食作物的影响,三个回归方程

表3-11　　　　　宏观水稻、小麦和玉米的回归结果

	水稻	小麦	玉米
ln 农业劳动力	-0.002 (0.02)	-0.097*** (0.03)	0.099*** (0.02)
ln 农业机械总动力	-0.019* (0.01)	0.026* (0.01)	-0.007 (0.01)
ln 耕地总面积	0.054*** (0.01)	-0.063*** (0.02)	0.009 (0.02)
非农经济比例	0.108 (0.07)	0.052 (0.13)	-0.16 (0.12)
女性劳动力虚拟变量	0.027*** (0.01)	-0.008 (0.01)	-0.019** (0.01)
老年劳动力虚拟变量	-0.011*** (0.00)	-0.004 (0.01)	0.016*** (0.01)
ln 水稻工资	0.002 (0.01)		
ln 小麦工资		-0.050*** (0.01)	
ln 玉米工资			0.058*** (0.01)
省固定效应	是	是	是
时间固定效应	是	是	是
样本	435	435	435
调整的 R^2	9.97E-01	9.80E-01	9.85E-01

注:***、**和*分别表示1%、5%和10%的显著水平。
资料来源:历年《中国统计年鉴》。

的因变量分别是水稻在三种粮食作物中播种面积比例、小麦在三种粮食作物中播种面积比例和玉米在三种粮食作物中播种面积比例。

表中各列的因变量分别为水稻作物播种面积在这三种粮食播种面积中的比例，小麦作物播种面积比例和玉米播种面积比例。女性劳动力和老年劳动力虚拟变量在这三个方程中也不是太稳健，比如女性劳动力虚拟变量在水稻回归方程中为正，在小麦回归方程中不显著，而在玉米回归方程中为负。同样，老年劳动力虚拟变量则刚好相反，在水稻回归方程中为负，小麦回归方程中不显著，而在玉米回归方程中为正。

反映劳动力价格上涨的农村内部雇工工资变量在三个回归方程中对三种粮食作物播种面积影响呈现不同差异，其中水稻作物中劳动力价格系数为 -0.002，但在统计水平上不显著，说明劳动力价格上涨对水稻种植没有显著的影响。小麦作物中劳动力价格系数为 -0.05，且在 1% 的统计水平上高度显著，意味随着劳动力价格上涨，各省倾向于减少小麦作物的种植比例，劳动力价格每增加 1%。则减少 0.05 的蔬菜作物种植比例。玉米作物中劳动力价格系数为 0.058，且在 1% 的统计水平上高度显著，意味随着劳动力价格上涨，各省倾向于增加玉米作物的种植比例，劳动力价格每增加 1%。则增加 0.058 的玉米作物种植比例。

因为总体上劳动力价格上升导致粮食播种面积下降，而且对水稻播种面积的影响不大，那么粮食内部播种面积的相对变化需要更仔细地分析。比如说，玉米播种面积在粮食播种面积中所占比重的上升未必意味着玉米播种面积的绝对上升；相反，因为小麦播种面积下降更多，玉米播种面积的下降可能同时表现为玉米播种面积的上升。因此，上述现象的合理解释是小麦生产更容易用其他高附加值产品（如蔬菜）取代，因而其播种面积在劳动力成本上升的情况下下降相对较多，而玉米相对难以用其他高附加值产品替代，结果导致玉米播种面积虽然下降但比重反而上升的现象。

第六节 微观层面的实证分析

本节将使用农户数据来实证研究劳动力价格上涨对粮食种植结构的影响，具体数据为农业部固定观察点2004—2008年农户调查数据，与宏观省级数据不一样，该农户调查农村内部的雇工工资数据样本较少，而农民外出打工的数据较多，所以，我们用农民外出打工的工资数据来反映了劳动力价格的变化。另外，农户调查数据中经济作物的样本量较少，且数据质量较差，这主要原因是单个农户种植蔬菜、棉花、油料和麻类等经济作物较少，基于这种情况，在这一节我们只研究粮食作物的内部结构，不涉及粮食作物与经济作物的对比分析。

如同上节宏观层面的分析，构建以下计量回归方程：

$$N^* = \alpha_0 + \alpha_1 w + \alpha_2 pop + \alpha_3 m_0 + \varepsilon$$

式中，N^*为因变量，α_0为常数项，α_1、α_2、α_3为农户家庭的水稻、小麦和玉米三种主要粮食作物的播种面积比例。自变量w为农民外出打工工资水平，由于农民之间差异性太大，且很多地区农民外出打工工资的数据缺失较为严重，所以，我们统一取县级外出打工工资的中值。m_0为家庭特征变量，包括家庭总耕地面积、家庭总劳动力、家庭总固定资产数[1]、户主年龄和教育水平、是否为党员户、是否为村干部户。ε为残差项。如同上文所示，家庭劳动力人口结构在最近一些年变化较为突出，我们同样在微观层面的实证分析中也加入家庭人口结构的变量pop，以控制这方面的影响。因为微观农户数据有家庭成员所有的年龄和性别信息，所以，我们直接用家庭的老年劳动力比例和女性劳动力比例，而不是上文在宏观层

---

[1] 由于研究的是农业生产行为，所以这里农户的固定资产主要是指用于生产性的资产，其中包括农户家庭可用于农业生产的役畜、大中型铁木农具、农林牧渔机械和运输机械，通过这四个变量来表征单个农户家庭的生产性固定资本状况。

第三章 劳动力价格、人口结构变化对粮食种植结构的影响 | 103

面分析用的虚拟变量。所以自变量的基本数据统计如表 3 – 12 所示。

表 3 – 12　　　　　微观回归方程中各变量基本描述

	均值	中值	最小值	最大值	变异系数	样本量
水稻播种面积比例	0.50	0.45	0.00	1.00	0.52	1929
小麦播种面积比例	0.26	0.26	0.00	0.82	0.65	1929
玉米播种面积比例	0.25	0.26	0.00	1.00	0.61	1929
外出打工工资（元/天）	26.85	26.21	10.68	50.80	0.31	1929
家庭总劳动力数（人）	2.97	3.00	1.00	7.00	0.34	1929
家庭总耕地数（亩）	4.78	3.60	0.70	35.90	0.92	1929
家庭总固定资产数（元）	2615.96	1020.41	24.75	110551.50	2.40	1929
户主年龄（年）	49.60	50.00	1.00	82.00	0.20	1929
户主教育（年）	6.87	6.00	0.00	92.00	0.51	1929
是否为村干部	1.95	2.00	0.00	1.00	0.11	1929
是否为党员	1.85	2.00	0.00	1.00	0.19	1929
家庭老年劳动力比例	0.11	0.00	0.00	1.00	2.18	1929
家庭女性劳动力比例	0.47	0.50	0.00	1.00	0.32	1929

资料来源：农业部固定观察点 2004—2008 年抽样调查数据。

回归方程中所有实变量都取对数形式，这样做主要有两个目的：其一，取对数以减小其方差，减少残差的波动范围；其二，取对数可以直接反映其弹性，这样又利于对回归系数的解读。另外，为了控制某些不可观察的随时间和随地区变化的影响因素，这些因素有可能构成计量方程回归的内生性问题，所以所有的方程将会添加省份和时间的虚拟变量。

表 3 – 13 展示了三种作物的回归估计结果，三个回归方程的因变量分别是水稻在三种粮食作物中播种面积比例、小麦在三种粮食作物中播种面积比例和玉米在三种粮食作物中播种面积比例。农户家庭特征对三种粮食作物播种面积的影响不显著，如户主年龄、户

表 3-13　微观水稻、小麦和玉米的回归结果

	水稻	小麦	玉米
ln 外出打工工资	-0.016 (0.02)	-0.066*** (0.01)	0.081*** (0.01)
户主年龄	-0.001 (0.00)	0 (0.00)	0 (0.00)
户主教育	0.002* (0.00)	0 (0.00)	-0.002*** (0.00)
是否为村干部	0.017 (0.01)	0.009 (0.01)	-0.026** (0.01)
是否为党员	-0.001 (0.01)	-0.033*** (0.01)	0.034*** (0.01)
ln 家庭总耕地数	-0.014* (0.01)	-0.013** (0.01)	0.027*** (0.01)
ln 家庭总劳动力数	0.062*** (0.01)	-0.043*** (0.01)	-0.019** (0.01)
ln 家庭总固定资产数	-0.014*** (0.00)	0.014*** (0.00)	0 (0.00)
家庭老年劳动力比例	-0.014 (0.02)	0.024* (0.01)	-0.01 (0.01)
家庭女性劳动力比例	-0.012 (0.02)	0.005 (0.02)	0.007 (0.02)
省固定效应	是	是	是
时间固定效应	是	是	是
样本	1929	1929	1929
调整的 R^2	0.715	0.541	0.492
合计	-2154.655	-2958.189	-3167.198

注：***、**和*分别表示 1%、5% 和 10% 的显著水平。
资料来源：农业部固定观察点 2004—2008 年抽样调查数据。

主教育、是否为村干部、是否为党员基本上都不显著，包括老年劳动力比例、女性劳动力比例也是如此。农户家庭的总耕地数在三个

方程中都比较显著，在水稻和小麦的回归方程中为负，玉米方程中的回归系数为正，意味着随着农户家庭耕地数量增加，农户会倾向于减少水稻和小麦的种植比例，而增加玉米的种植比例。农户家庭总劳动力数在三个回归方程中也都显著，其中在水稻方程中系数为正，在小麦和玉米方程中系数为负，意味着随着家庭总劳动力数量增加，农户家庭越倾向于增加水稻的种植比例，而减少小麦和玉米的种植比例。农户家庭总固定资产数在水稻和小麦中较为显著，水稻估计系数为负，小麦估计系数为正。

农民外出打工工资变量在三个回归方程中，只有小麦和玉米的回归方程较为显著。小麦方程中，农民外出打工工资系数为负，在 1% 的统计水平上显著，意味着随着农民外出打工工资的增加，农户家庭会减少小麦的种植比例，打工工资每增加 1%，小麦播种面积比例会减少 0.066。玉米回归方程中，农民外出打工工资系数为正，在 1% 的统计水平上显著，意味着随着农民外出打工工资的增加，农户家庭会增加玉米的种植比例，打工工资每增加 1%，玉米播种面积比例会增加 0.081。

反映人口结构变化的老年劳动力比例和女性劳动力比例的两个变量，在三个方程中除老年在小麦中显著，这与上一节宏观层面的实证结果一致，也与胡雪枝和钟甫宁（2012）研究结果一致。

第七节　结论

随着经济发展，中国粮食种植结构在过去的几十年间发生了重大变化，逐渐向地区专业化模式演进。在 2004 年以后，农村劳动力价格开始以两位数的幅度迅速上涨，中国人口年龄结构由"正金字塔"形向"橄榄球"形转变，它们也成为中国农村社会变化中最重要的两个现象，那么农村劳动力价格上涨和人口结构老龄化是否对中国粮食种植结构产生影响呢？本书分别从宏观和微观两个角度进行实证研究予以回答。

在宏观层面，利用1997—2012年全国31个省级数据进行实证计量分析，从粮食作物和经济作物实证比较来看，劳动力价格上涨显著抑制了粮食作物的种植比例，促进了经济作物的种植比例，尤其是蔬菜的种植，劳动力价格上涨对其的促进程度最大。在水稻、小麦和玉米三种主要粮食作物之间，劳动力价格对它们的影响呈现出不同的效应，其中对水稻没有显著的影响，对小麦有负向显著影响，即随着劳动力价格的上涨，即农村内部的雇工工资上涨，农户家庭会相应减少小麦在三种粮食作物中的种植比例；对玉米有显著正向影响，即随着劳动力价格的上涨，农户家庭会相应增加玉米在三种粮食作物中的种植比例。这种现象说明用高附加值取代粮食作物的可能性或难易程度可能随着地区和粮食种类而变化：小麦相对容易被高附加值产品取代，而玉米的替代相对困难。

然后再用微观农户调查数据进行了实证分析，获得了与宏观实证结构一致的证据，即从农户数据的回归结果来看，随着劳动力价格上涨，农民外出打工工资的上涨，对农户家庭的水稻种植没有显著影响，对小麦有负向显著影响，对玉米有显著正向影响，宏观和微观两个层面结果一致性充分显示了实证结果的稳健性。

在人口结构方面，宏观省级层面实证结果表明女性劳动力比例高对粮食播种面积有负向影响，对经济作物播种面积比例有正向影响，而老年劳动力比例则对粮食和经济作物播种面积比例都无显著影响。微观农户层面的实证结果表明人口结构对粮食生产种植结构无显著影响。综合来看，这有可能是因为最近一些年农村地区农业机械社会化服务的兴起（Yang et al.，2013），因为在劳动繁重的环节，农民现在可以用农业机械替代农业劳动，所以表现出农村老龄化人口结构对粮食生产不产生影响。

第四章 劳动力价格、人口结构变化对农村土地租赁的影响*

近年来,中国劳动力价格不断上涨且人口结构不断老龄化,它们是否会显著影响中国农村土地租赁,以及它们之间是否存在共同效应?为了研究这些问题,笔者利用农业部固定观察点农户调查数据进行实证分析。研究结果表明,劳动力价格上涨在平原地区对农村土地租入和租出都有显著正向影响,即劳动力价格上涨会促进平原地区农村土地租赁市场的发育。而在山岭地区,实证结果表明劳动力价格上涨对农村土地租赁没有显著影响。在人口结构层面,无论是分土地租入或者租出,还是分总样本、平原地区和山岭地区进行分析,实证结果均表明农户家庭人口的老龄化和女性化对农村土地租赁市场并不构成显著影响。最后研究人口结构的老龄化和女性化是否会加剧或者减弱劳动力价格上涨对农村土地租赁市场的影响,实证结果也表明在统计学上不存在显著影响。

第一节 引言

中国农业生产是建立在细碎化和小规模土地经营体系上,伴随着当前劳动力价格的不断上涨和农业劳动力的不断减少(蔡昉,2007),以农业机械替代农业劳动力和土地规模化经营显得越发重

---

* 执笔人:杨进,华中科技大学经济学院;黄祖辉,浙江大学中国农村发展研究院;陈志钢,国际食物政策研究所;彭超,农业部农村经济研究中心。

要。中国农村土地经营制度是农村经济的根本，它不仅仅承载着经济功能，还担负着一系列社会保障功能（罗必良，2013），因此，很难在短时间内对其做出重大改革，在不触动中国当前农村土地经营制度背景下，农户家庭之间的土地租赁无疑成为促进土地规模化经营最重要的途径。在宏观经济层面，随着改革开放以来中国工业经济的迅速发展，产生了大量非熟练劳动力的市场需求，导致劳动力价格不断上涨，尤其从 2004 年开始呈现出两位数的增长速度（蔡昉，2007；Zhang 等，2013），劳动力价格上涨是否会对农村土地租赁构成冲击呢？与此同时，中国人口结构也逐渐显现出老龄化趋势（齐传钧，2010；胡雪枝和钟甫宁，2012；胡鞍钢、刘生龙和马振国，2012），是否农村地区的老龄化趋势也会影响中国农村土地租赁？另外，如果存在劳动力价格上涨对农村土地构成影响的同时，农村人口结构的老龄化和女性化是否会加剧其影响，即这两种农村冲击是否会构成共同的效应？本章主要建立在对这三个问题的解答基础上。

首先，从国家政策层面梳理中国农村土地租赁的发展脉络，中国农村土地租赁的发展与土地家庭承包责任制度密不可分，从 20 世纪 80 年代开始，政府逐渐鼓励土地使用权的转让，1986 年通过《中华人民共和国土地管理法》规定：中华人民共和国实行土地的社会主义公有制，即全民所有制和劳动群众集体所有制，任何单位和个人不得侵占、买卖或者以其他形式非法转让土地，土地所有权可以依法转让。2003 年开始实行的《中华人民共和国农村土地承包法》规定：通过家庭承包取得的土地承包经营权可以依法采取转包、出租、互换、转让或其他方式流转。2005 年颁布的《农村土地承包经营权流转管理办法》对农村土地承包权流转的原则、当事人权利、流转方式、流转合同、流转管理等做出了具有可操作性的规定，也标志着农村土地承包经营权流转受到了规范和法律的认可和保护。

20 世纪 90 年代以来，学术界对土地租赁研究方兴未艾，一部分研究集中于探讨土地租赁的影响因素，比如张照新（2002）、郭嘉和吕世辰（2010）、张忠明和钱文荣（2014）等对土地租赁方式和意愿的实证研究，以及一些专题式的研究，如姚洋（1999，2000）和钱忠好（2008）研究非农就业如何影响农村内部的土地租赁，谭丹和黄贤金（2008）研究了农村劳动力市场的发育对土地租赁的影响，吴鸾莺、李力行和姚洋（2014）研究了农业税费改革如何影响土地租赁。另一部分研究集中于探讨土地租赁对其他农村社会经济的影响，比如王晓兵等（2011）研究农村土地租赁的发育对农业生产的影响，黄祖辉、王建英和陈志钢（2014）研究土地租赁对稻农生产技术采用的影响。

综合来看，已有学术文献鲜有从劳动力价格上涨、人口结构变化两个方面对土地租赁进行研究。相对来说，在劳动力价格上涨的其他方面实证研究也不多见，主要原因在于劳动力价格迅速上涨是最近一些年发生，国家层面的传统统计口径都尚未包含这方面的指标，导致无数据可用。在农业层面，仅有资料来源于国家发展和改革委员会价格司所编著的《全国农产品成本收益资料汇编》，而这套数据每年只公布平均10个省份的价格数据，由于样本量较小，只适合做劳动力价格发展趋势的描述，做实证层面的经验研究就较为困难。基于这样的情况，笔者联合农业部固定观察点办公室，选取2004—2008年固定观察点农户调查湖南、四川、江西、山东和黑龙江五个省份的农户数据来研究劳动力价格上涨和人口结构变化对农村土地租赁的影响。[①]

农业部农村固定观察点农户调查（RCRE）始于1986年，在各个省选取富裕、中等和低三种不同收入水平县，然后在县一级同样按经济发展水平分层随机选取不同的村，最后在同一村内分层随机选取不同的农户逐年进行跟踪调查，详细记录了农户的生产和消费情况。在农村土地租赁方面，该调查问卷设计了一系列代表性指标，本书主要取其中两个指标进行研究，一个是"年内转包入的土

[①] 之所以使用2004—2008年的数据，是因为该微观调查问卷在不同时段，其问卷设计指标有变化，为保证统一的指标内容，我们选择这一段时期进行分析。

地面积（亩）"，这个指标主要反映了农户家庭土地租赁活动中土地租入的情况；另一个是"年内转包出的土地面积（亩）"，这个指标主要反映了农户家庭土地租赁活动中土地租出的情况。

第二节　中国劳动力价格的上涨趋势

由于本章研究核心问题是农户的行为，所以，研究劳动力价格上涨，就必须紧紧围绕着农民的劳动力价格变化问题。有两个指标可以反映其变化趋势：其一是农村内部劳动力雇工工资水平，这主要体现在农忙时期，农村内部劳动力价格水平；其二是农业劳动力外出打工工资水平，这个指标实际反映了农民放弃农业生产到城市从事非农劳动能够获得的机会成本。

一　农村内部的劳动力雇工工资水平变化

《农产品成本收益资料汇编》收集了各省不同作物的雇工费用，我们将用这个数据来反映宏观省级层面的劳动力工资上涨趋势。

如表4-1所示，水稻、小麦、玉米、油料、棉花、烤烟和蔬菜七种作物的劳动力雇工工资从1998年的20元左右/天上涨到2012年的90元左右/天，尤其是三种粮食作物水稻、小麦和玉米，2012年的劳动力雇工工资水平分别是99元/天、86元/天和83元/天，其次是棉花75元/天，其他三种作物都低于70元/天，这主要是因为粮食作物和棉花都属于劳动时间和劳动强度较为集中的作物，而油料、烤烟和蔬菜则是属于劳动周期较长、劳动强度平均较轻的作物。

表4-1　　　　　不同农作物的雇工工资水平　　　　　单位：元/天

年份	水稻	小麦	玉米	油料	棉花	烤烟	蔬菜
1998	22.56	19.85	12.20	23.95	19.70	14.74	14.32
1999	19.53	10.59	12.33	8.96	11.65	12.42	16.46
2000	20.80	18.20	17.00	17.70	19.40	16.50	17.07
2001	20.90	17.00	16.50	18.30	18.20	16.60	18.70

续表

年份	水稻	小麦	玉米	油料	棉花	烤烟	蔬菜
2002	20.30	17.70	16.40	17.50	17.50	16.50	19.15
2003	21.20	17.90	17.30	18.60	18.50	17.20	20.90
2004	24.03	19.93	20.43	18.17	27.15	18.52	26.49
2005	28.64	17.40	23.07	22.11	29.18	21.98	28.83
2006	33.43	24.53	26.66	26.29	30.30	24.88	30.86
2007	40.08	28.69	31.21	31.33	34.85	31.31	34.06
2008	51.22	39.50	39.22	38.73	39.31	40.48	39.89
2009	57.24	52.62	46.02	45.78	43.71	43.63	44.47
2010	67.02	49.19	52.10	47.79	56.96	48.94	51.49
2011	83.73	70.84	70.36	59.04	72.92	59.17	59.90
2012	99.06	85.76	82.89	66.49	74.68	68.87	67.52

资料来源：历年《农产品成本收益资料汇编》。

二 农村劳动力外出打工工资水平

农业部固定观察农户调查数据涵盖了村庄的地理地貌特征变量，可以区分平原和山区的不同样本，所以，从平原和山区分别进行描述。由于农村内部雇工工资样本量较少，而且方差分布较大，这方面的工资数据质量不佳，因此我们用农户家庭成员外出打工工资来反映劳动力价格变化。①

表4-2反映了五省固定观察点调查农户2004—2008年的外出打工工资基本情况，从总样本来看，2004年劳动力外出打工工资水平的均值和中值都稳定在20元/天，逐步上涨到2008年的35元/天和33元/天，样本的变异系数也较为稳定，大约为0.26。就地区差

---

① 因为对单个农民来说，市场上的劳动力工资水平是外生的，农民应该面对统一的工资水平，但由于单个劳动力个人能力等一些因素影响，常使不同劳动力之间的工资呈现一定的差异，为了控制这些因素的影响，我们取每个县所有外出打工农民工资的工资中值来表征当地的劳动力市场的工资水平。因为农业部固定观察点在选取样本时，是在一个省选取十个县，然后在每个县选取一个村，最后在每个村内部选取30—100个农户家庭样本，所以，实际上这里所说的每个县即是每个村的工资水平。

异而言，平原地区和山岭地区的工资水平分布没有较大的差异，也基本都是从 2004 年的 20 元/天上涨到 2008 年的 33—35 元/天。

表 4 – 2　　　　　五省劳动力外出打工工资基本情况　　　　单位：元/天

总样本	均值	中值	最小值	最大值	变异系数	样本量
2004 年	20.51	20.00	11	30.43	0.26	2190
2005 年	22.83	22.92	12	35.11	0.24	2194
2006 年	25.66	26.67	13	44.22	0.26	2129
2007 年	30.14	30.00	14	50.00	0.27	2247
2008 年	34.74	33.33	18	58.33	0.27	1853
总计	26.55	25.00	11	58.33	0.33	10613
平原						
2004 年	21.26	20.00	11	30.17	0.30	898
2005 年	22.45	22.22	12	35.11	0.29	909
2006 年	25.72	26.67	15	44.22	0.29	919
2007 年	29.98	30.00	15	50.00	0.34	745
2008 年	33.86	32.00	18	56.43	0.30	670
总计	26.12	25.00	11	56.43	0.36	4141
山区						
2004 年	20.00	20.00	11	30.43	0.22	1292
2005 年	23.00	22.92	14	33.33	0.21	1252
2006 年	25.57	26.67	13	37.50	0.24	1181
2007 年	30.94	32.00	14	44.92	0.21	1093
2008 年	35.30	33.85	20	58.33	0.25	954
总计	26.39	25.00	11	58.33	0.31	5772

资料来源：2004—2008 年农业部固定观察点调查数据。

综合来看，农村内部的劳动力雇工工资和农民外出打工工资水平在 2004 年以后都呈现出大幅度上涨的趋势，尤其是使用省级层面的数据所反映的农村内部劳动力雇工工资水平在 2004 年呈现出一个转折加速的过程，这吻合了 Zhang 等（2013）的研究。

第三节 农村土地租赁基本情况

由于宏观层面没有相应数据能够反映农村土地租赁情况，所以本节使用固定观察点 2004—2008 年的农户数据来反映农户之间的土地租赁变化情况。

表 4-3 反映了农村每个农户家庭的土地租入的基本情况。[①] 均值指标反映出每个农户家庭租入土地的数量随时间呈现出增长的趋势，从 2004 年的 17.6 亩增加到 2008 年的 20 亩。中值指标的数值稍微较小，但也呈现出随时间增长的趋势，每个农户家庭的租入土地数量从 2004 年的 3 亩增长到 2008 年的 4 亩。从最小值和最大值来看，反映了不同农户之间的差异还是较大，最小值为 0.1 亩，最大值为 225 亩。

表 4-3　　农户家庭土地租入的基本情况　　单位：亩/户

	均值	中值	最小值	最大值	变异系数	样本数
总样本						
2004 年	17.64	3.00	0.20	120.00	1.60	213
2005 年	18.98	3.35	0.10	150.00	1.73	232
2006 年	24.43	3.00	0.10	180.00	1.77	196
2007 年	24.99	3.50	0.10	225.00	1.73	201
2008 年	20.07	4.00	0.10	210.00	1.74	162
平原						
2004 年	29.31	7.70	0.40	120.00	1.16	114
2005 年	37.90	15.00	0.10	150.00	1.11	103
2006 年	46.34	15.00	0.10	180.00	1.16	96

---

① 虽然 2004—2008 年 5 个省份的固定观察点农户样本有 10613 个，但是，在这所有的农户样本调查中，记录有土地租入的农户样本有 1004 户，记录有土地租出的农户样本有 547 户，所以，我们只针对这 1551 个农户样本进行研究。

续表

	均值	中值	最小值	最大值	变异系数	样本数
2007 年	52.00	30.00	0.10	225.00	1.09	82
2008 年	42.79	30.00	0.10	210.00	1.15	59
山区						
2004 年	4.21	2.00	0.20	32.00	1.41	99
2005 年	4.03	2.00	0.20	31.00	1.24	121
2006 年	3.55	2.00	0.10	26.00	1.35	92
2007 年	7.53	2.50	0.30	67.50	1.62	79
2008 年	7.36	3.00	0.30	45.00	1.26	89

资料来源：农业部固定观察点 2004—2008 年调查数据。

为了观察不同地理环境带来的土地租赁差异，本节将样本区分为平原地区和山岭地区，以观察它们不同的效应。从平原地区看，均值指标也体现了农户家庭租入土地数量随时间增长的趋势，从 2004 年的 29 亩/户增加至 2008 年的 43 亩/户。中值指标也体现了同样的增长趋势，从 2004 年的 7 亩/户增加至 2008 年的 30 亩/户。个体之间的农户差异也较大，最小值为 0.1 亩，最大值达到 225 亩。山岭地区的数据也体现了同样的趋势，但相对于平原地区而言，每个农户家庭租入的土地规模要远小于平原地区，从 2004 年的 4.2 亩/户增加至 2008 年的 7.4 亩/户，中值从 2004 年的 2 亩/户增加至 2008 年的 3 亩/户。

表 4-4 反映了农村每个农户家庭的土地租出的基本情况。相对于租入的情况来看，租出面积要远小于租入面积。但尽管如此，从均值来看，依然反映了随时间增加的趋势，从 2004 年的 3.6 亩/户增加至 2008 年的 4.3 亩/户。中值的变化趋势不大，从 2004 年的 1.7 亩/户减少至 2008 年的 1.6 亩/户。

从平原和山区对比来看，平原和山区每个农户家庭租出土地的数量都呈现出随时间上涨的趋势，平原地区的均值从 2004 年的 4.9 亩/户增加至 2008 年的 6 亩/户，山区的均值从 2004 年的 2.3 亩/户增加至 2008 年的 3.8 亩/户。相对而言，如表 4-3 一样，山区的租赁面积要小于平原地区。

表 4-4　　　　　　农户家庭土地租出的基本情况　　　　单位：亩/户

	均值	中值	最小值	最大值	变异系数	样本数
总样本						
2004 年	3.63	1.70	0.10	30.30	1.46	113
2005 年	3.29	1.30	0.20	32.00	1.63	125
2006 年	3.22	2.00	0.10	33.00	1.50	100
2007 年	4.46	1.75	0.10	72.00	2.36	102
2008 年	4.30	1.60	0.10	60.00	2.28	107
平原						
2004 年	4.98	2.80	0.10	30.30	1.27	56
2005 年	4.30	2.00	0.30	27.00	1.35	61
2006 年	3.42	2.20	0.20	20.00	1.07	41
2007 年	7.16	2.00	0.30	72.00	2.06	30
2008 年	6.02	1.50	0.10	60.00	2.22	33
山区						
2004 年	2.30	1.30	0.20	19.70	1.57	57
2005 年	2.48	1.00	0.20	32.00	2.09	54
2006 年	3.46	1.30	0.10	33.00	1.77	47
2007 年	3.79	1.80	0.50	67.50	2.43	53
2008 年	3.81	1.70	0.20	60.00	2.23	59

资料来源：农业部固定观察点 2004—2008 年调查数据。

综合来看，除租入和租出土地面积随时间呈现不断增大趋势外，还值得注意的是山区的租入和租出土地面积要远小于平原地区，这里面存在的问题有可能是因为平原地区便于用机械替代劳动力，所以平原地区土地租赁需求大于山岭地区。

第四节　实证分析

本节采用计量经济学的方法来实证分析劳动力价格上涨和人口结构变化对农村土地租赁的影响，将使用农业部固定观察点 2004—

2008 年的农户数据进行研究。

实证分析策略将分为三块：

其一，观察劳动力价格对农村土地租赁的影响，分别就总样本、平原地区和山岭地区予以研究。

其二，观察人口结构变化对农村土地租赁的影响，也分别就总样本、平原地区和山岭地区样本分别研究。

其三，劳动力价格上涨和家庭人口结构的老龄化和女性化都凸显出农村农业劳动力的逐步短缺，这两个效应是否有叠加呢？或者说家庭人口结构的老龄化和女性化是否会进一步加剧或者减弱劳动力价格上涨对农村土地租赁市场的影响？

所以，我们需要进一步观察它们的共同效应。

以上三部分实证过程构建以下实证计量经济学方程：

$$N_{it} = \alpha_0 + \alpha_1 w_{it} + \alpha_2 pop_{it} + \alpha_3 m_{0it} + \varepsilon_{it}$$

式中，N_{it} 为因变量，即为农户家庭租赁（租入或者租出）土地的数量（单位：亩），α_0 为常数项；α_1、α_2、α_3 为各自变量所对应的估计系数；自变量 w_{it} 为劳动力价格变量，我们将使用农民外出打工工资水平来反映劳动力价格变化情况；pop_{it} 为人口结构变量，我们用两个变量来反映单个农户家庭的人口结构变动，一个是家庭老年劳动力比例，另一个是家庭女性劳动力比例；m_{0it} 为家庭特征变量，包括家庭总耕地面积、家庭总劳动力、家庭总固定资产[①]、户主年龄和教育水平、是否为党员、是否为村干部；ε_{it} 为残差项。所有自变量的基本统计数据如表 4 – 5 所示。

回归方程中所有实变量都取对数形式，这样做主要有两个目的：其一，取对数以减小其方差，减少残差的波动范围；其二，取对数可以直接反映其弹性，这样又利于对回归系数的解读。另外，为了控制某些不可观察的随时间和地区变化影响因素，这些因素有可能

---

① 由于研究的是农业生产行为，所以这里农户的固定资产主要是指用于生产性的资产，其中包括农户家庭可用于农业生产的役备、大中型铁木农具、农林牧渔机械和运输机械，通过这四个变量来表征单个农户家庭的生产性固定资本状况。

构成计量方程回归的内生性问题,所以,以下方程我们会逐步添加省份和时间的虚拟变量以观察回归系数的稳健性。

表4-5　　　　　　　　回归变量的基本统计情况

	均值	中值	最小值	最大值	变异系数	样本数
租入土地数（亩）	20.65	3.00	0.00	225.00	1.77	1028
租出土地数（亩）	3.49	1.50	0.00	72.00	2.08	589
户主年龄（年）	49.67	50.00	23.00	77.00	0.20	1502
户主教育（年）	6.73	7.00	0.00	92.00	0.53	1502
是否为村干部	1.95	2.00	0.00	1.00	0.11	1502
是否为党员	1.83	2.00	0.00	1.00	0.20	1502
家庭总耕地数（亩）	28.97	7.45	0.20	270.00	1.68	1502
家庭总劳动力数（人）	2.89	3.00	1.00	7.00	0.34	1502
家庭总固定资产数（元）	6089.72	1873.04	19.80	280356.40	2.08	1502
家庭老年劳动力比例	0.10	0.00	0.00	1.00	2.40	1502
家庭女性劳动力比例	0.45	0.50	0.00	1.00	0.35	1502

资料来源:农业部固定观察点2004—2008年调查数据。

一　劳动力价格变化的实证结果

表4-6反映了劳动力价格变化对农村土地租赁的影响,包含6个方程。所有回归方程均控制了地区固定效应和时间固定效用,以及它们之间的交叉项,凸显使用面板数据的优势,以控制那些随时间和地区发生变化且不可观察到因素带来的影响。R_1、R_2和R_3为有土地租入农户样本的回归方程,分别是对总样本、平原地区和山岭地区分别做的回归分析。R_4、R_5和R_6为有土地租出农户样本的回归方程,分别是对总样本、平原地区和山岭地区分别做的回归分析。

表4-6　　　　　　　　劳动力价格变化的实证结果

	租入			租出		
	R_1	R_2	R_3	R_4	R_5	R_6
ln外出打工工资	0.451***	0.317**	-0.344	0.672***	0.880***	-0.149
	(0.09)	(0.12)	(0.17)	(0.16)	(0.23)	(0.27)

续表

	租入			租出		
	R_1	R_2	R_3	R_4	R_5	R_6
户主年龄	0.004**	0.006	0.010***	-0.007*	-0.019**	0.005
	(0.00)	(0.00)	(0.00)	(0.00)	(0.01)	(0.01)
户主教育	-0.008***	0.032*	-0.011**	-0.01	-0.012	-0.01
	(0.00)	(0.02)	(0.01)	(0.01)	(0.03)	(0.01)
是否为村干部	0.117	-0.041	0.265**	0.036	-0.242	0.134
	(0.09)	(0.15)	(0.12)	(0.21)	(0.38)	(0.24)
是否为党员	-0.04	0.051	-0.046	-0.028	0.131	-0.094
	(0.06)	(0.08)	(0.08)	(0.11)	(0.20)	(0.15)
ln 家庭总耕地数	1.115***	1.382***	1.037***	0.094	0.047	0.184**
	(0.04)	(0.08)	(0.06)	(0.06)	(0.13)	(0.09)
ln 家庭总劳动力数	-0.214***	-0.442***	-0.159**	0.044	0.015	0.043
	(0.06)	(0.10)	(0.07)	(0.10)	(0.20)	(0.13)
ln 家庭总固定资产数	-0.039**	-0.067**	-0.054**	0.087***	0.112*	0.043
	(0.02)	(0.03)	(0.02)	(0.03)	(0.06)	(0.05)
地区固定效应	是	是	是	是	是	是
时间固定效应	是	是	是	是	是	是
地区×时间固定效应	是	是	是	是	是	是
样本	1004	454	480	547	221	270
调整的 R^2	0.862	0.89	0.769	0.433	0.451	0.487
合计	1992.869	904.465	826.068	1401.272	598.112	637.743

注：***、**和*分别表示1%、5%和10%的显著水平。

资料来源：农业部固定观察点2004—2008年抽样调查数据。

在土地租入和租出的6个回归方程中可以看到外出打工工资在总样本和平原地区的估计系数都为正，且都在5%以上的统计水平上显著，说明外出打工工资对土地租赁有显著的正向促进作用。而在山岭地区，无论是土地租入或者租出的估计都不显著，说明外出打工工资对山岭地区的土地租赁行为无显著影响。为什么会产生这样的结果？这很可能与平原地区能够有效使用大型农业机械有关，因为随着外出打工工资上涨，对于农户家庭来说，外出打工劳动力可以通过汇款来缓解农户家庭的资金约束（Scotte Taylor and de Brauw，1998），而根据 Yang 等（2013）跨区农业机械服务最近一些年在平原地区大量涌现，有效地替代了农业劳动力，据此只有平原地区农户家庭资金充裕，他们可以雇用跨区作业机械化服务来进行规模化生产，而山岭地区由于农业机械的不宜操作，故而没有显著影响。

　　从农户家庭特征变量的实证结果看，户主年龄在总样本回归和山岭地区回归结果中有显著正向影响，说明户主年龄越大，农户家庭越倾向租入土地，而不是租出土地。相反，在土地租出的样本回归结果中，户主年龄的系数为负，都在 1% 的统计水平上显著，说明户主年龄越大，农户家庭越倾向于不租出土地。综合租入和租出来看，表明户主年龄确实对农户的租赁行为有显著影响，户主年龄越大，则越倾向于租入而不是租出土地。2004 年以来，农村年轻劳动力不断涌向城市，剩下的大多是年龄较大的劳动力，而正是这些年龄较大的劳动力支撑了农业生产。越是年龄较大，越愿意从事农业生产，而年龄较轻的劳动力则不愿意从事农业生产，所以户主年龄的这个系数从这个层面来说，吻合当今的农村现实。

　　户主教育水平在土地租入的总样本和山岭地区为显著负向影响，平原地区为显著正向影响，而在土地租出的三个回归中都不显著，说明户主教育水平对农村土地租赁的影响目前来说尚不稳健。农户家庭是否为村干部或者党员，两者的系数在六个回归结果中基本都不显著，说明农户家庭的这种村庄政治属性对土地租赁没有显著影响。

　　农户家庭总耕地数在土地租入的三个回归方程中的估计系数为正，且都是在 1% 的统计水平上高度显著，说明农户家庭自家拥有的土地越多，反而越倾向于租入土地以扩大规模进行农业生产。在土地租出的三个方程中，总样本和平原地区样本都不显著，在山岭地区的样本回归中显著为正，综合来看，农户家庭总耕地数在土租出影响不稳健。农户家庭的总劳动力数在土地租入的三个回归方程中的估计系数为负,且都在1%的统计水平上高度显著,这说明农户家庭劳动力越多,则越不倾向于租入土地从事农业生产。另外,农户家庭的总固定资产在土地租入的三个方程中估计系数也显著为负,说明农户家庭资产越多,则越不倾向于租入土地从事农业生产。

二 人口结构变化的影响

表4-7反映了人口结构变化对农村土地租赁的影响,包含六个方程。所有回归方程中均控制了地区固定效应和时间固定效用,以及它们之间的交叉项,凸显使用面板数据的优势,以控制那些随时间和地区发生变化且不可观察到因素带来的影响。R_1、R_2和R_3为有土地租入农户样本的回归方程,分别是对总样本、平原地区和山岭地区做的回归分析。R_4、R_5和R_6为有土地租出农户样本的回归方程,分别是对总样本、平原地区和山岭地区做的回归分析。

表4-7 人口结构变化的实证结果

	租入			租出		
	R_1	R_2	R_3	R_4	R_5	R_6
家庭老年劳动力比例	0.136 (0.14)	0.156 (0.23)	0.175 (0.17)	-0.034 (0.18)	-0.419 (0.37)	0.534** (0.23)
家庭女性劳动力比例	-0.012 (0.15)	0.216 (0.19)	0.456** (0.23)	0.032 (0.24)	0.048 (0.54)	0.13 (0.29)
户主年龄	0.002 (0.00)	0.004 (0.00)	0.008** (0.00)	-0.004 (0.01)	-0.012 (0.01)	-0.005 (0.01)
户主教育	-0.008** (0.00)	0.027 (0.02)	-0.012** (0.01)	-0.012 (0.01)	-0.005 (0.03)	-0.016** (0.01)
是否为村干部	0.111 (0.09)	-0.052 (0.15)	0.273** (0.12)	0.026 (0.20)	-0.349 (0.39)	0.136 (0.21)
是否为党员	-0.004 (0.06)	0.047 (0.08)	-0.046 (0.08)	0.021 (0.11)	0.205 (0.21)	-0.106 (0.15)
ln家庭总耕地数	1.135*** (0.04)	1.454*** (0.08)	1.046*** (0.06)	0.101* (0.06)	0.078 (0.13)	0.189** (0.08)

续表

	租入			租出		
	R_1	R_2	R_3	R_4	R_5	R_6
ln 家庭总劳动力数	-0.208***	-0.471***	-0.190**	-0.007	-0.187	0.057
	(0.07)	(0.11)	(0.08)	(0.11)	(0.23)	(0.13)
ln 家庭总固定资产数	-0.024	-0.053	-0.072***	0.066**	0.165***	0.004
	(0.02)	(0.03)	(0.02)	(0.03)	(0.06)	(0.04)
地区固定效应	是	是	是	是	是	是
时间固定效应	是	是	是	是	是	是
地区×时间固定效应	是	是	是	是	是	是
样本	1013	457	486	580	226	298
调整的 R^2	0.854	0.887	0.76	0.394	0.407	0.482
合计	2071.42	922.814	868.131	1509.309	624.188	696.758

注：***、**和*分别表示1%、5%和10%的显著水平。
资料来源：农业部固定观察点2004—2008年抽样调查数据。

在土地租入和租出的 6 个回归方程可以看到农户家庭老年劳动力比例和女性劳动力比例的估计系数几乎都不显著，6 个实证结果中也仅老年劳动力比例和女性劳动力比例在山岭地区的土地租出和土地租入回归方程中估计系数分别为正。因此，综合来看，农户家庭人口变化对土地租赁的影响不显著，这与胡雪枝和钟甫宁（2012）研究农户家庭人口结构变化对粮食生产的结论类同，他们基于农户数据所做的实证分析也表明农户家庭人口结构对粮食的种植面积没有显著影响，这主要反映了现在农村地区广泛出现的农业机械化服务在替代劳动力（Yang et al., 2013）。

从农户家庭特征变量实证结果看，户主年龄和教育大致与表 4-6 呈现出相同的趋势，但没有表 4-6 中的估计系数显著。农户家庭是否为村干部和党员家庭的估计系数也同样都不显著。农户家庭的耕地数、劳动力总数和固定资产总值的估计系数也与前文一致。

三 劳动力价格和人口结构变化的共同效应

从表 4-6 来看，劳动力价格上涨显著影响着农户家庭的土地租赁行为，表4-7的人口结构变化实证结构表明其对农户家庭的土地租赁没有显著影响，而劳动力价格上涨和家庭人口结构的老龄化和女性化都凸显着农村农业劳动力的逐步短缺，这两个效应是否有叠加呢？或者说家庭人口结构的老龄化和女性化是否会进一步加剧或者减弱劳动力价格上涨对农村土地租赁市场的影响？

为了进一步回答这个问题，我们将联合估计劳动力价格和人口结构变化对农村土地租赁的共同效应。在此将人口结构变化调整为虚拟变量，即生产新的表征拥有老年劳动力的农户家庭虚拟变量"D1_老年"，有60岁以上老年劳动力的农户家庭设置为1，将没有60岁以上老年劳动力的家庭设置为0；同样，生成新的表征拥有较多女性劳动力的农户家庭虚拟变量"D2_女性"，农户家庭女性劳动力占比大于或等于0.5的设置为1，反之为0。设置这2个代表农户家庭人口结构的虚拟变量后，再用这两个虚拟变量分别乘以外出打工工资实变量，以反映其交叉效应。

表4-8实现了估计结果，包含6个方程，在所有回归方程中，我们均控制了地区固定效应和时间固定效用，以及它们之间的交叉项，凸显使用面板数据的优势，以控制那些随时间和地区发生变化且不可观察到因素带来的影响。R_1、R_2和R_3为有土地租入农户样本的回归方程，分别是对总样本、平原地区和山岭地区做的回归分析。R_4、R_5和R_6为有土地租出农户样本的回归方程，分别是对总样本、平原地区和山岭地区做的回归分析。

表4-8　　劳动力价格和人口结构变化的共同效应

	租入			租出		
	R_1	R_2	R_3	R_4	R_5	R_6
ln外出打工工资	0.480*** (0.09)	0.277** (0.13)	-0.278 (0.17)	0.729*** (0.19)	1.174*** (0.27)	-0.171 (0.31)
D1_老年	0.128 (0.59)	-0.448 (0.81)	-0.087 (0.76)	0.442 (0.88)	3.220** (1.42)	0.751 (1.10)

第四章 劳动力价格、人口结构变化对农村土地租赁的影响

续表

	租入			租出		
	R₁	R₂	R₃	R₄	R₅	R₆
D1_老年× ln外出打 工工资	-0.001 (0.18)	0.159 (0.24)	0.08 (0.24)	-0.114 (0.27)	-1.169*** (0.45)	-0.114 (0.33)
D2_女性	0.932 (1.07)	-0.751 (1.43)	0.771 (1.34)	0.294 (1.35)	0.258 (2.14)	-1.957 (1.43)
D2_女性× ln外出 打工工资	-0.248	0.239	-0.182	-0.051	-0.005	0.612
户主年龄	0.003 (0.00)	0.004 (0.00)	0.007** (0.00)	-0.008* (0.01)	-0.01 (0.01)	-0.005 (0.01)
户主教育	-0.007** (0.00)	0.034* (0.02)	-0.011** (0.01)	-0.01 (0.01)	-0.008 (0.03)	-0.011 (0.01)
是否为村 干部	0.11 (0.09)	-0.042 (0.15)	0.268** (0.12)	0.04 (0.21)	-0.152 (0.37)	0.141 (0.22)
是否为党员	-0.037 (0.06)	0.056 (0.08)	-0.033 (0.08)	-0.036 (0.11)	0.12 (0.21)	-0.078 (0.16)
ln家庭总 耕地数	1.119*** (0.04)	1.381*** (0.08)	1.046*** (0.06)	0.096 (0.06)	0.024 (0.12)	0.184** (0.09)
ln家庭总 劳动力数	-0.228*** (0.06)	-0.429*** (0.10)	-0.182** (0.08)	0.015 (0.10)	-0.093 (0.20)	0.024 (0.13)
ln家庭总 固定资产数	-0.038** (0.02) (0.34)	-0.066* (0.03) (0.42)	-0.056** (0.02) (0.44)	0.092*** (0.03) (0.41)	0.104* (0.06) (0.67)	0.052 (0.05) (0.45)
地区固定效应	是	是	是	是	是	是
时间固定效应	是	是	是	是	是	是
地区×时间 固定效应	是	是	是	是	是	是
样本	1004	454	480	547	221	270
调整的 R²	0.862	0.889	0.772	0.43	0.466	0.497
合计	1991.18	911.225	822.878	1407.382	595.171	636.349

注：***、**和*分别表示1%、5%和10%的显著水平。

资料来源：农业部固定观察点2004—2008年抽样调查数据。

从土地租入和租出的 6 个实证分析结果看，首先外出打工工资的估计系数在总样本和平原地区回归结果中依然显著为正向影响，而对山岭地区的影响不显著，这吻合了表 4-6 的实证结果。用"D1_老年"和"D2_女性"表征的农户家庭老年劳动力比例和女性劳动力比例也都不显著，也吻合了表 4-7 的实证结果，凸显了两表所获得回归结果的稳健性。从劳动力工资和人口结构变化的共同效应来看，即外出打工工资和老年劳动力比例与女性劳动力比例的虚拟变量交叉项，其估计系数在 6 个实证结果中几乎都不显著，说明劳动力工资上涨对农村土地租赁的正向影响，农村人口结构的老龄化和女性化趋势并没有对其有显著的促进和减弱效应。

第五节 结论

本章在论述了中国劳动力价格和人口结构变化基础上，利用农业部固定观察点微观农户调查数据实证分析了农村劳动力价格上涨和人口价格变化对农村土地租赁的影响，以及它们的共同效应。研究结论表明，农村劳动力价格上涨对农户家庭租入和租出土地的行为有显著的正向影响，即意味着劳动力价格上涨会促进农村土地租赁市场的发育。

农村劳动力价格上涨对土地市场的影响，在平原地区和山岭地区也呈现出不同特点。实证结果表明，只有在平原地区农村劳动力价格才对土地租赁产生正向效应，而在山岭地区这种正向效应并不显著，山岭地区的土地特点是细碎化更加严重，比如笔者在湖南和贵州等地的考察，发现山岭上的农村土地常常只有几分田，或者更少，这样细碎化土地在交易时交易成本可能远大于种植收益成本，所以即使农村劳动力价格的大幅度上涨，也很难诱导这种细碎化的土地进入市场流转。

在人口结构层面，实证结果表明，在平原地区，农户家庭老年劳动力比例和女性劳动力比例对土地租赁都没有显著影响，无论是用实变量,还是用虚拟变量来表征,实证得到的估计系数均没有在统计学角度上得到显著的结果。这大致与胡雪枝和钟甫宁(2012)的研究类同,他们基于农户数据所做的实证分析也表明农户家庭人口结构对粮食的种植面积没有显著影响,这主要反映了现在农村地区广泛出现的农业机械化服务在替代劳动力(Yang et al.,2013)。

在分析农村人口结构老龄化和女性化是否会加剧劳动力价格上涨对农村土地租赁市场的影响方面,本章采用农户家庭老年劳动力和女性劳动力的虚拟变量与反映劳动力价格上涨的外出打工工资的交叉项来表征其共同效应,实证结果表明,无论是土地租入或者土地租出,还是在总样本、平原地区和山岭地区的样本分析中,都没有从统计学角度得出显著的结果。因此,说明最近一年来农村地区所出现的这两种主要外生冲击,对农村土地市场并没有共同作用效果。

第五章 劳动力外出打工和本地非农就业对粮食生产效率的影响[*]

本章利用农业部固定观察点2004—2008年5个省份2000多个农户样本研究了本地非农就业和外出打工对农户家庭粮食生产效率的影响。中国最近20年的劳动力转移给中国经济带来了巨大效应，这个在学术界几乎没有争论，但是随着农村劳动力的转移，目前越来越多关注于是否会对农业生产构成冲击，尤其是粮食生产。对于中国这样一个人口大国，这个问题的研究涉及中国未来粮食能否自给自足，所以显得尤为重要。有些研究分析了劳动力转移对粮食总产和单产的影响，但鲜有从生产率的角度进行研究。在技术层面，我们将关联随机效用分析方法引入随机前沿生产效率估计模型，以控制某些无法观察到的内生性影响因素。实证结果表明，本地非农就业和外出打工对粮食生产效率都没有显著的负向影响，打破了认为农村劳动力转移必然会给农业生产效率带来负面影响的普遍

---

[*] 执笔人：杨进：华中科技大学经济学院；汪汇：密歇根州立大学资源与环境学院；金松青：密歇根州立大学资源与环境学院；陈志钢：国际食物政策研究所；Jeffrey Riedinger：密歇根州立大学资源与环境学院；彭超：农业部农村经济研究中心。

第五章　劳动力外出打工和本地非农就业对粮食生产效率的影响

观点。

第一节　导言

自从刘易斯（Lewis，1954）提出二元经济模型的发展理论以来，几乎所有发展经济学家都同意经济的结构转变对一个国家的经济增长和发展是必要的（Barrett，Carter and Timmer，2010）。其中，很关键的是农村劳动力向城市转移的过程，他利用日本和韩国在20世纪50—70年代的经济发展进行了说明（Knight，Deng and Li，2011）。

随着户口政策和其他限制性的人口流动政策放松，以及快速的经济增长，中国正经历着其最大也是最快的经济结构转型，其主要的表现之一是大量的农业劳动力从农村涌入城市从事非农工作。从国家统计局的数据发表来看，20世纪80年代全国农业部分的劳动力占比为68.7%，而到了2010年只有36.7%。根据最近的相关人口调查，大约2.61亿的农村劳动力转移到城市，这远远大于全球国家之间的国际劳动力转移规模（Sirkeci，Cohen and Ratha，2012）。

中国近些年来大规模的劳动力转移在发展经济学研究领域也引起了广泛关注。对于农村劳动力转移的研究表明：（1）促进了有劳动力转移的农户家庭的经济收入（Du，Park and Wang，2005）；（2）平滑消费，并减轻农业生产受外生冲击的影响（Giles，2006）；（3）促进了农户家庭的农业生产性固定投入（Zhao，2002），以及房屋等其他耐用品消费（de Brauw and Rozelle，2008），以及小孩的教育（Chen et al.，2009）；（4）促进了农村经济的多样化（Murphy，2000）。

同时，也有大量文献关注于农村劳动力转移给其原有的农村地区和农户家庭带来的一些潜在的负面影响，其中，主要有以下两个议题：

第一个是留在农村未转移的人口福利问题（de Brauw and Mu，

2012; Mu andvan de Walle, 2011; de Brauw et al., 2013; Chang, Dong and Macphail, 2011; Giles, Wang and Zhao, 2010), 这些研究表明由于大量农村劳动力转移, 会加剧剩余人口的农业和家务时间, 尤其是女性人口和老年人口。但是, 额外的劳动时间也不必然会恶化剩余人口的健康 (Mu and van de Walle, 2011)。

第二个关注的研究问题是对农业生产的可能潜在负面影响 (de Brauw et al., 2013; Wang, Wang and Pan, 2011; Li et al., 2013; Taylor, Rozelle and de Brauw, 2003), 但是, 这些研究结果尚未达成一致结论。联合国发展报告 (2003) 表明, 大规模的农村劳动力转移和女性农业劳动时间的增加可能会威胁中国未来的粮食安全。

在农业生产效率方面, 农村劳动力转移带来的影响目前来看是存在不确定性的: 一方面, 大量农村劳动力的流失会降低农业产量, 更重要的是会使农户家庭减少对农业投入和农业技术改良的积极性, 而这些又最终降低农业生产效率 (Yue and Sonoda, 2012); 另一方面, 有学者提出新兴劳动力转移理论, 他们认为农村劳动力转移可以缓解农户家庭的资金约束, 从而可为选择更好的生产性工具和技术提供资金 (Wouterse, 2010)。

在国际学术界有大量文献在不同方面给予了不同结论, Mochebelele 和 Winter – Nelson (2000) 与 Nonthakot 和 Villano (2008) 利用超越对数函数 (SPF) 实证分析表明, 在非洲南部国家 Lesotho 和泰国, 劳动力转移对农户家庭有显著正向影响。但是, Chang 和 Wen (2011) 利用我国台湾地区的数据表明, 非农就业和生产效率之间存在负向影响关系。Chavas、Petrie 和 Roth (2005) 利用冈比亚的农户数据实证分析, 并没有发现两者存在显著的因果关系。在美国农业领域, Kumbhakar 和 Summa (1989) 的研究表明, 非农就业与生产效率存在负向关系, Fernandez – Cornejo (1996) 利用佛罗里达蔬菜产业的数据得到大致一样的结论。

关于中国劳动力转移的问题, 也有相关文献进行了研究, Taylor、Rozelle 和 de Brauw (2003) 研究表明, 劳动力转移对农业收入有负面影响, 但是对粮食单产有正面影响。通过利用随机前沿生产函数，Chen、Huffman 和 Rozelle（2009）研究表明，村一级的劳动力转移比例与农业生产效率存在显著正向影响。另外，Yue 和 Sonoda（20212）发现，有劳动力外出就业的农户家庭生产效率要显著高于那些没有劳动力外出就业的农户家庭。其他一些研究发现，劳动力转移对单产和总产没有显著影响（de Brauw et al.，2013；Wang，Wang and Pan，2011；Li et al.，2013）。

综合来说，这些关于中国劳动力转移对农业生产的影响研究存在一些值得注意的局限性。首先，大量研究只分析了劳动力转移对农业单产和总产的影响，却鲜有分析其对生产效率的影响；其次，少量对于生产效率的影响研究常常忽略了内生性的影响；最后，尽管本地非农就业越来越凸显出其对农村经济和农业生产的重要影响（Mohapatra，Rozelle and Goodhue，2007；Zhang et al.，2006），但是，在已有的文献中却严重忽略了本地非农就业对生产效率的影响。

本章将着眼于分析外出打工和本地非农就业对粮食生产效率的影响，通过利用农业部固定观察点 2004—2008 年 2000 多个农户样本数据进行实证分析。当前随机前沿函数是用较为流行的方法来分析农业生产的效率问题，但是，确定哪些因素影响生产效率是一件较为困难的事情（Liu and Zhuang，2000）。已有文献表明，外出打工和本地非农就业与农户家庭的禀赋有较强联系（Du，Park and Wang，2005），如果不控制农户家庭那些不可观察的潜在因素，将导致农业生产效率的估计有偏。在这篇文章里，我们采用关联随机效用方法（Woodridge，2002）以控制这些不可观测的农户家庭潜在影响因素。

第二节 资料来源和描述

数据来自农业部农村固定观察点调查（National Fixed Point Survey，NFPS），该调查起源于 1986 年。当年只在 9 个省份进行了调查，在各省选取富裕、中等和低三种不同收入水平的县，然后每个县内随机选取一个村庄,在每个村内大约随机选择40—120户(取决于所选村庄的大小)进行跟踪调查,详细记录了农户生产和消费情况。Benjiamin、Brandt和Giles(2005)曾详细叙述了这个调查的相关问题。由于随着经济结构的变化,1986年以来,该调查多次更改问卷的内容,直到2004年才有关于农户家庭详细农业产出和投入的调查。因此,本章选取2004—2008年的时间跨度,数据包括南方省份江西、湖南和四川,北方省份山东和黑龙江,总农户样本为11937个,分布如表5-1所示。按照非农劳动距离的远近,我们将县以内的非农劳动定义为本地非农劳动,到县外本省和省外的非农劳动定义为外出打工劳动。

表5-1　　　　　　　　五省样本分布　　　　　　　　单位:户

年份	黑龙江	江西	山东	湖南	四川	总计
2004	489	429	329	290	492	2029
2005	503	377	328	313	488	2009
2006	542	383	300	266	426	1917
2007	587	378	226	279	465	1935
2008	473	297	238	227	370	1605
总计	2594	1864	1421	1375	2241	9495

资料来源:农业部固定观察点数据(2004—2008年)。

一　中国农户家庭非农就业变迁

尽管中国在20世纪90年代放松了户籍制度政策,但农民到城市非农就业是一个缓慢的动态演化过程,因为城市非农就业工作机会的需求与中国的工业化发展相联系,而且由于信息约束,农民到城市寻找非农就业机会的交易成本很高。

表5-2描述了五省农户家庭劳动力数量和土地拥有量。五省农户家庭的劳动力数量并没有显著差异,每个家庭有3个左右的劳动力。五省的变异系数也较为一致,都集中在0.35左右。五省农户家庭的耕地面积差异很大,黑龙江省农户家庭平均拥有土地45亩,江西省为6.06亩,山东省和湖南省为4.9亩和4.5亩,四川省只有3.8亩。

表 5-2　　　　各省农户家庭劳动力数量和土地拥有量

	劳动力数量（人）		土地数量（亩）	
	均值	变异系数	均值	变异系数
黑龙江	2.76	0.34	44.78	0.85
江西	3.11	0.36	6.06	0.68
山东	2.91	0.33	4.91	0.51
湖南	2.95	0.38	4.52	0.67
四川	2.90	0.35	3.77	0.65

资料来源：根据固定观察点数据笔者计算。

表 5-3 描述了 2004—2008 年农户家庭的劳动时间比例变迁。① 就五省平均而言，农业劳动时间比例为 55% 左右，本县非农劳动时间比例为 26% 左右，外出打工时间比例为 20% 左右。从随时间变化角度看，2004 年以后，农业劳动时间比例从 2004 年的 56% 下降到 2008 年的 51%，本县非农劳动时间比例从 25% 随时间上涨到 29%，外出打工劳动时间比例没有显著变化。

表 5-3　　　　　　　农户家庭劳动时间配置

年份	2004	2005	2006	2007	2008
农业劳动时间比例					
黑龙江	0.79	0.80	0.78	0.69	0.68
江西	0.43	0.46	0.43	0.42	0.43
山东	0.48	0.48	0.46	0.40	0.36
湖南	0.55	0.55	0.54	0.50	0.53
四川	0.56	0.54	0.52	0.50	0.53
平均	0.56	0.57	0.55	0.50	0.51

---

① 不同类型的劳动时间比例计算等于所有农户家庭成员从事这种劳动的时间除以所有农户家庭成员总劳动时间。比如，"本县非农劳动时间比例"等于所有家庭成员从事本县非农的劳动时间除以所有家庭成员总劳动时间（包括农业、本县非农、本省非农和省外打工劳动时间）。

续表

年份	2004	2005	2006	2007	2008
本县非农劳动时间比例					
黑龙江	0.16	0.14	0.16	0.26	0.27
江西	0.28	0.25	0.29	0.31	0.29
山东	0.42	0.42	0.43	0.45	0.53
湖南	0.19	0.18	0.19	0.21	0.18
四川	0.20	0.21	0.21	0.22	0.18
平均	0.25	0.24	0.26	0.29	0.29
外出打工劳动时间比例					
黑龙江	0.05	0.06	0.06	0.05	0.05
江西	0.29	0.29	0.29	0.26	0.28
山东	0.10	0.11	0.11	0.15	0.11
湖南	0.26	0.27	0.27	0.29	0.29
四川	0.24	0.25	0.27	0.28	0.29
平均	0.19	0.20	0.20	0.21	0.20

资料来源：根据固定观察点数据笔者计算。

分地区看，黑龙江省与其他四省有较大差异。黑龙江省主要以农业为主，农业劳动时间比例从2004年的79%下降到2008年的68%，本县非农就业时间比例从2004年的16%上升到2008年的27%，外出打工劳动比例只有5%，且随时间没有显著变化。

山东省农业劳动时间比例从2004年的48%下降到2008年的36%，本县非农劳动时间比例从42%上涨到53%。外出打工劳动时间比例为10%，随时间没有显著变化。

中部省份历来都是中国劳动力转移较多的地区。江西省从2004—2008年的劳动时间演变几乎没有变化，农业劳动时间比例为43%，本县非农劳动时间比例为28%，外出打工的劳动时间比例为29%。

湖南省的农业劳动时间比例随时间变化不大，本县非农劳动时间从2004年的19%下降到18%，外出打工劳动时间比例从26%上涨到29%。四川省的变化趋势与湖南省非常接近，主要反映在农业劳动时间比例和本县非农劳动时间比例的下降，而外出打工劳动时间从24%上涨到29%。

总体来看，各地区之间存在一定差距，尤其是南北两地差异较为突出。就平均水平来看，2004—2008年五省农户家庭的非农劳动演变历程的变化主要体现在本县非农就业劳动时间比例下降和省外打工的劳动时间比例上涨。

二 中国粮食生产的变迁

表5-4反映了五省农户家庭粮食总产和单产变化。平均来看随时间变化，粮食总产呈增加趋势，[①] 从2004年的3465千克上涨到2008年的4087千克。分地区来看，五省各自的粮食产量都在增加，但是黑龙江的粮食产量最高，为7714千克，是其他省份粮食产量的几倍，其中四川省的粮食总产最低，2004年只有1366千克。为什么会有这么大的区别，很大原因是黑龙江省的农户所拥有的耕地面积最高。

表5-4　　　　　　　　　　粮食单产和总产

年份	2004	2005	2006	2007	2008
总产（千克）					
黑龙江	7714.70	8033.63	7806.13	8671.47	9367.56
江西	3268.45	3596.79	3268.97	3610.66	3476.70
山东	2949.44	2998.49	2839.59	3096.20	3288.15
湖南	2026.46	2207.19	2308.74	2384.65	2748.69
四川	1366.04	1421.85	1338.47	1413.49	1558.72
平均	3465.01	3651.59	3512.38	3835.29	4087.97
单产（千克/亩）					
黑龙江	217.14	257.53	316.34	298.55	297.74

---

① 粮食作物包括水稻、小麦、玉米和大豆四种主要粮食作物（下文所有"粮食"概念所指相同）。

续表

年份	2004	2005	2006	2007	2008
江西	418.84	414.94	408.99	412.90	415.39
山东	376.78	377.35	375.90	385.59	407.26
湖南	418.20	413.86	411.58	419.03	419.45
四川	354.86	350.86	337.42	337.90	363.80
平均	357.16	362.91	370.04	370.79	380.73

资料来源：根据固定观察点数据，笔者计算。

五省平均粮食单产变化较小，从2004年每亩357千克上升到2008年的380千克。分地区来看，黑龙江省的粮食单产变化幅度最大，2004年每亩只有217千克，2008年上升到297千克。其次，山东省的粮食单产幅度从每亩376千克上升到407千克。四川粮食单产从每亩354千克上涨到363千克。江西和湖南随时间几乎没有变化，但五省中它们的单产最高，均达到每亩420千克。

然而，单产变化并不能完全反映农业生产效率，因为还涉及投入要素的变化，只有控制了投入要素变化以后才能研究效率的变化。表5-5反映了粮食生产的其他投入要素变化，五省平均粮食播种面积有所上涨，从2004年的15.25亩上升到2008年的16.83亩。每亩的劳动时间投入从14.66天下降到12.39天。与劳动时间减少相反，其他投入都有大幅度提高，尤其机械作业费用和化肥费用上涨幅度最高。扣除物价变动因素后，机械作业费用从每亩23.05元上涨到40.3元，化肥费用从每亩61.73元上涨到91.83元。

综上可以看到，尽管农户家庭非农劳动时间比例不断上涨，但是农户在粮食生产的其他生产要素投入却在增加，尤其是机械和化肥的使用量。在这个动态的演化过程中，是否存在粮食生产效率的变化，以及农户的非农就业是否会影响效率，以下我们通过实证分析方法来给予回答。

表 5-5　　　　　　　　　粮食生产投入

年份	2004	2005	2006	2007	2008
播种面积（亩）	15.25	15.59	13.29	16.12	16.83
每亩的劳动时间投入（天）	14.66	14.50	13.84	13.04	12.39
每亩的机械作业费用（元）	23.05	26.90	32.62	38.42	40.30
每亩的种子费用（元）	16.37	18.28	18.82	19.96	22.05
每亩的化肥费用（元）	61.73	70.04	74.59	74.76	91.83
每亩的农药费用（元）	15.94	19.84	20.77	21.53	23.01
每亩的灌溉费用（元）	14.83	14.10	16.14	15.83	15.42

资料来源：根据固定观察点数据，笔者计算。

第三节　实证估计方法

为了估计粮食生产效率，我们采用随机前沿分析方法（SFA）。SFA 通过估计粮食总产和投入以构造一个产出前沿面，其产出前沿面与实际产出之间的距离被定义为生产效率，距离越大，效率越低。在已有文献中，大量文献采用包络分析（DEA）的方法计算前沿面以研究效率，但是，包络分析的弊病在于它是采用线性规划的方法，无法从统计学角度给出显著性证据，SFA 方法则弥补了这个缺点。SFA 的基本函数如下：

$$y_{it} = f(x_{it}; \beta) \exp(v_{it} - u_{it})$$

其中，y_{it} 表示农户家庭 i 在时间 t 的农业产出；x_{it} 表示农户家庭 i 在时间 t 的农业投入；v_{it} 表示在农户家庭控制之外的随机影响因素（残差）；$-u_{it}$ 表示无效率项。假设 β（各投入要素的估计系数矩阵）在农户家庭之间是固定的，这与已有的部分文献有一定差异（Tsionas，2002；Huang，2004；Greene，2008），假设各农户家庭投入产出系数为固定，实际上假设了所有农户家庭的生产技术是一样的。考虑到生产效率的提升是 20 世纪 90 年代以来中国农业 TFP

的主要贡献者（Jin et al., 2009）以及关于中国农业大多数文献基于这样的假定，所以，这个假设相对合理（Liu and Zhuang, 2000; Tian and Wan, 2000; Chen, Huffman and Rozelle, 2009; Yue and Sonoda, 2012）。随机扰动项 $v_{it} \sim N(0, \sigma_v^2)$ 正态分布。$\exp(-u_{it})$ 表示农户家庭 i 在时间 t 的农业生产无效率项。为了保证 $\exp(-u_{it})$ 是小于 1 的正数，我们必须有 u_{it} 非负。在这个条件下，误差项（$v_{it} - u_{it}$）的分布就是负偏的。

通过 SFA 分析，生产效率的决定因素通常有两种思路：

第一种思路假设 u_{it} 是独立同分布，直接估计农业生产函数以构造产出前沿面，计算出效率值，然后再利用可能影响效率的变量去解释效率值变化（Pitt and Lee, 1981; Kalirajan, 1981; Chen, Huffman and Rozelle, 2009）。但是，Wang 和 Schmidt（2002）发现，在使用这种方法进行估计时，由于在第一步估计中忽略了生产效率的异质性，会导致估计结果有偏。

第二种思路，假设效率项 u_{it} 不是非随机分布，而是受到其他因素的影响，比如劳动力对农业生产的管理，等等，于是同时估计农业生产函数和效率函数（Battesse and Coelli, 1995; Kumbhakar and Lovell, 2000），这样就能避免分两次估计所产生的估计偏差问题。

同时，按照估计农业生产函数和效率函数的思路进行实证估计，假设 u_{it} 受外生变量 z_{it} 影响，γ' 为 z_{it} 对应的估计系数矩阵，函数如下：

$u_{it} = (\gamma' z_{it} + \varepsilon_{it}) \geqslant 0$

$\varepsilon_{it} \sim N(0, \sigma_\varepsilon^2)$ 正态分布，并且有下界 $-\gamma' z_{it}$。Battesse 和 Coelli（1995）证明，这种对于 ε_{it} 分布的假设就等同于假设 $u_{it} \sim N^+(\gamma' z_{it}, \sigma_u^2)$ 截尾正态分布。在已知 v_{it} 和 u_{it} 分布的前提下，可以采用最大似然法（MLE）来估计。

尽管 1995 年 Battesse 和 Coelli 提出同时估计农业生产和效率函数方法后，大量文献开始利用这种方法估计研究其他因素对效率的影响（Greenwood, 1971; Lucas, 1997; Du, Park and Wang, 2005; Barret et al., 2008; Wouterse, 2010），但这些研究常常忽略了 z_{it} 有可能受到农户家庭其他不可观察因素 c_i 带来的内生性影响。如果存

可能受到农户家庭其他不可观察因素 c_i 带来的内生性影响。如果存在 c_i，则 $u_{it} = (\gamma' z_{it} + c_i + \varepsilon_{it}) \geq 0$。那么，在估计过程中不考虑 c_i，就会导致对 ε_{it} 的错误假定（由于包含 c_i，现在的 ε_{it} 不再独立于 z_{it} 了），从而使 z_{it} 估计结果有偏。为了解决这个问题，本章引入关联随机效应方法（Mundlak，1978；Chamberlain，1980），假设 $c_i = \overline{z_i}\delta + a_i$，$z_i$ 为在时间 t 内的平均值，δ 为 $\overline{z_i}$ 对应的估计系数矩阵，且 $a_i \sim N(0, \sigma_a^2)$ 正态分布。此时，考虑了可能影响效率项的其他不可观察的影响因素 c_i 后，为了保证 u_{it} 的非负性，我们现在需要 ε_{it} 的下界为 $(-\gamma' z_{it} - c_i)$。因为 ε_{it} 和 a_i 都服从正态分布，u_{it} 现在仍服从截尾正态分布，可以表示为 $u_{it} \sim N^+(\gamma' z_{it} + \overline{z_i}\delta, \sigma_u^2 + \sigma_a^2)$。

在估计农户家庭生产函数时，选择超越对数生产函数形式，因为超越对数生产函数比柯布—道格拉斯生产函数更加灵活，它假设不同要素之间存在可变替代弹性，可以用 Bayesian Information Criterion（BIC）来检验这两种生活函数哪个更好。超越对数生产函数模型如下：

$$\ln Y_{it} = \beta_0 + \sum_j \beta_j x_{itj} + \sum_k \sum_j \beta_{jk} \ln x_{itj} \ln x_{itk} + v_{it} - u_{it}$$

$$v_{it} \sim \text{Normal}(0, \sigma_v^2)$$

$$u_{it} \sim N^+(\gamma' z_{it} + \overline{z_i}\delta, \sigma_u^2 + \sigma_a^2)$$

在生产函数估计中，因变量 Y_{it} 为粮食总产。自变量有4个，它们分别是：x_{it1} 为粮食播种面积、x_{it2} 为劳动时间投入、x_{it3} 为化肥和农药投入和 x_{it4} 为其他投入（包括种子费用和灌溉费用）；β_j 为各自变量的估计系数；β_{jk} 为各自变量之间的交叉项估计系数；在效率函数 u_{it} 的估计方程中，自变量 z_{it} 包括户主年龄、户主教育年限、是否为党员户（1 = 是；0 = 否）、是否为村干部户（1 = 是；0 = 否）、农户家庭的耕地面积、劳动力数量、家庭农业固定生产资本存量（包括役畜、大中型铁木农具和农林牧渔业机械）、家庭老年劳动力比例（年龄大于60岁）、女性劳动力比例、家庭在本县内非农劳动时间比例、本省非农劳动时间比例、外省非农劳动时间比例（Mochebelele and Winter – Nelson, 2000；Rao, Brümmer and Qaim, 2012；

Chen, Huffman and Rozelle, 2009; Nonthakot and Villano, 2008)。

  为了控制随时间变化和地区变化,以及同时随时间和地区变化的不可观察的影响因素,在粮食生产函数和效率估计方程中都加入了时间虚拟变量、地区虚拟变量和它们之间的交叉项,这样能够很大程度减少异方差影响,同时使所关注变量的估计结果更加准确。由于使用超越对数的生产函数形式估计农业产出,不同要素之间假设存在可变替代弹性,在方程中则表现为存在多个要素之间的交叉项,当交叉项的系数在统计水平上显著不等于零时,即证明了要素之间存在可变替代弹性的正确性。

第四节 实证结果和讨论

  关于实证策略,我们既估计总体样本,也分省进行单独估计,以检验其稳健性。同时,将采用一步估计法,即同时估计生产函数和效率函数,表5-6反映了粮食生产函数的估计,表5-7反映了效率函数的估计。第1列和第2列是使用总样本进行估计,其他三行是分省进行估计的。江西、湖南和四川同时估计,是因为它们分别估计时,无法使估计方程收敛,故而将这3个省份一起估计,同时它们3个省份也都处于中国中部,大致经济环境较为相似。

一 生产函数估计

  表5-6所有不同投入要素的交叉项都高度显著,说明超越对数生产函数的估计方法要显著优于C—D生产函数,这个结论也被BIC的检验所证实。第1行和第2行关于平方项和交叉项系数等于0的Wald检验分别等于848.37和849.69。同时,采用超越对数生产函数的第1列和第2列的BIC分别等于1214.3和1237.68,都小于采用C—D生产函数的1392.97和1516.46,这综合说明了采用超越对数生产函数的估计效果要远好于C—D生产函数。

  根据总样本得到的估计结果,农户家庭的土地投入是最重要的生产影响因素,其弹性等于0.43,这意味着增加1倍的土地数量促

表5-6　　　　　　　　粮食生产函数估计和弹性估计

	总样本		黑龙江	山东	江西、湖南、四川
	(1)	(2)	(3)	(4)	(5)
土地	-0.201***	-0.202***	0.033	0.365	-0.634***
	(0.04)	(0.04)	(0.13)	(0.27)	(0.05)
劳动力	0.502***	0.508***	1.152***	0.547***	0.378***
	(0.05)	(0.05)	(0.16)	(0.18)	(0.07)
化肥农药	0.835***	0.833***	1.688***	0.087	0.415***
	(0.05)	(0.05)	(0.20)	(0.20)	(0.06)
其他投入	-0.107*	-0.105*	-1.925***	0.005	0.395***
	(0.06)	(0.06)	(0.14)	(0.26)	(0.06)
交叉项：土地与劳动力	0.119***	0.121***	0.203***	0.110**	0.147***
	(0.01)	(0.01)	(0.04)	(0.05)	(0.02)
交叉项：土地与化肥农药	0.206***	0.205***	0.335***	0.052	0.157***
	(0.01)	(0.01)	(0.05)	(0.05)	(0.02)
交叉项：土地与其他投入	-0.130***	-0.129***	-0.421***	-0.084	0.042**
	(0.01)	(0.01)	(0.03)	(0.07)	(0.02)
交叉项：劳动力与化肥农药	-0.084***	-0.085***	-0.132***	-0.131**	0.025
	(0.02)	(0.02)	(0.04)	(0.05)	(0.03)
交叉项：劳动力与其他投入	0.095***	0.095***	0.079*	0.126**	-0.042*
	(0.02)	(0.02)	(0.04)	(0.06)	(0.03)
交叉项：化肥农药与其他投入	-0.098***	-0.100***	0.011	-0.12	0.008
	(0.02)	(0.02)	(0.05)	(0.08)	(0.03)
平方项：土地	-0.093***	-0.093***	-0.025	-0.037	-0.218***
	(0.01)	(0.01)	(0.02)	(0.04)	(0.01)
平方项：劳动力	-0.078***	-0.079***	-0.119***	-0.071**	-0.056***
	(0.01)	(0.01)	(0.03)	(0.03)	(0.02)
平方项：化肥农药	-0.002	-0.001	-0.126***	0.108***	-0.050***
	(0.01)	(0.01)	(0.03)	(0.04)	(0.02)
平方项：其他投入	0.058***	0.059***	0.199***	0.041	-0.013
	(0.01)	(0.01)	(0.02)	(0.05)	(0.02)
样本	9495	9495	2594	1421	5480

续表

	总样本		黑龙江	山东	江西、湖南、
	（1）	（2）	（3）	（4）	四川（5）
χ^2	1.28E+05	1.28E+05	1.30E+04	8.82E+03	6.79E+04
弹性系数					
土地	0.48	0.49	0.32	0.52	0.52
劳动力	0.09	0.09	0.24	0.08	0.03
化肥农药	0.26	0.26	0.37	0.29	0.20
其他投入	0.13	0.13	0.01	0.11	0.18

注：***、**和*分别表示1%、5%和10%的显著水平；生产函数中各变量都取自然对数；回归中控制了地区固定效应、时间固定效应，以及地区和时间的交叉效应；弹性系数根据回归方程对各自变量取一阶导数计算所得。

进总产出增加43%。第2个重要影响因素是化肥和农药（弹性等于0.3），其次是劳动投入（弹性等于0.14）和其他投入（0.09）。尽管4种投入要素的估计弹性系数非常接近1，但是规模效应不变的联合检验却在统计水平上被拒绝了。各省的估计结果表明各地区的各投入要素弹性比重略有不同。比如，在山东省土地是重要影响因素，但是，在江西、湖南和四川三省化肥和农药却是如土地一样相同重要的影响因素。黑龙江的情况跟江西、湖南和四川的基本相同。给定黑龙江较大规模的土地面积，土地的边际效应没有山东重要就不值得惊奇了。在这5个回归方程中，只有农户家庭的劳动投入要素相对最为稳健。除黑龙江的劳动投入产出弹性为0.18以外，其他基本上都是0.1左右，这表明劳动投入在中国的粮食生产中可能已经不再是一个较为硬性的约束了。

二　生产效率影响因素

在生产效率的估计方程表5-7中，不同省份之间的结果差异比较小，说明较为稳健。首先，通过时间平滑的大多数变量都较为显著，说明使用关联随机效用是合适的。从农户家庭层面来看，户主的教育水平对生产效率没有显著影响，户主的年龄对生产效率有显著负向影响①，表明年纪越大的户主其农业生产的经验越多，因此其种植粮食的生产效率越高。农户家庭的党员和村干部背景对生产效率没有任何影响。

表 5-7　　　　　　　　粮食生产效率的估计

	总样本		黑龙江	山东	江西、湖南、
	(1)	(2)	(3)	(4)	四川 (5)
户主年龄	-0.010***	-0.011***	-0.015***	-0.003	-0.003
	(0.00)	(0.00)	(0.01)	(0.00)	(0.00)
户主教育水平	0	0	-0.001	-0.01	0.002
	(0.01)	(0.01)	(0.02)	(0.02)	(0.00)
是否为党员户	0.01	0.013	-0.12	-0.016	-0.015
(1=是；0=否)	(0.05)	(0.05)	(0.09)	(0.05)	(0.04)
是否为村干部户	-0.039	-0.039	0.044	-0.016	-0.023
(1=是；0=否)	(0.03)	(0.03)	(0.04)	(0.03)	(0.03)
家庭土地面积	-0.032*	-0.042**	0	-0.007	-0.135***
	(0.02)	(0.02)	(0.03)	(0.08)	(0.02)
家庭总劳动力数量	0.06	0.054	0.011	0.024	-0.005
	(0.07)	(0.07)	(0.09)	(0.07)	(0.06)
家庭固定资产数	-0.032	-0.033	-0.041	0.016	-0.027
	(0.02)	(0.02)	(0.03)	(0.03)	(0.02)
农户老年劳动力比例	0.015	0.043	0.094	0.101	-0.043
	(0.12)	(0.12)	(0.15)	(0.14)	(0.10)
农户女性劳动力比例	-0.095	-0.076	0.135	0.043	-0.125
	(0.13)	(0.13)	(0.17)	(0.13)	(0.11)
本县非农劳动时间比例	-0.079	-0.051	0.023	-0.014	-0.163*
	(0.09)	(0.10)	(0.14)	(0.11)	(0.08)
外出打工劳动时间比例	0.011	0.111	0.036	-0.136	-0.069
	(0.10)	(0.11)	(0.17)	(.)	(0.09)
户主年龄（CRE）	0.008*	0.009**	0.024***	0.001	-0.005
	(0.00)	(0.00)	(0.01)	(0.00)	(0.00)
户主教育水平（CRE）	-0.002	-0.002	0.007	0.016	-0.011*
	(0.01)	(0.01)	(0.02)	(0.02)	(0.01)

---

① 由于在 SFA 方法中，无效率项为 $-u_{it}$，所以，在 z_{it} 对 u_{it} 的影响为负时，则对无效率项（$-u_{it}$）为正。

续表

	总样本		黑龙江	山东	江西、湖南、四川
	(1)	(2)	(3)	(4)	(5)
家庭总劳动力数量（CRE）	0.002 (0.08)	0 (0.08)	-0.238** (0.10)	0.039 (0.09)	0.192*** (0.07)
家庭固定资产数（CRE）	0.025 (0.03)	0.025 (0.03)	0.035 (0.04)	-0.001 (0.03)	0.022 (0.02)
农户老年劳动力比例（CRE）	0.067 (0.13)	0.033 (0.13)	-0.087 (0.16)	-0.055 (.)	0.132 (0.11)
农户女性劳动力比例（CRE）	0.119 (0.15)	0.1 (0.15)	-0.03 (0.20)	-0.055 (0.22)	0.124 (0.13)
本县非农劳动时间比例（CRE）	-0.546*** (0.10)	-0.575*** (0.10)	-0.848*** (0.14)	0.393*** (0.11)	-0.162* (0.09)
外出打工劳动时间比例（CRE）	-0.477*** (0.12)	-0.543*** (0.12)	-0.067 (0.18)	0.422*** (0.12)	-0.330*** (0.09)
土地面积虚拟变量		0.051* (0.03)	0.077** (0.03)	0.021 (0.08)	-0.01 (0.04)
土地虚拟变量×本地非农		-0.016 (0.09)	-0.055 (0.11)	-0.046 (0.12)	0.017 (0.08)
土地虚拟变量×外出打工		-0.106 (0.08)	0.147 (0.15)	-0.039 (0.14)	-0.047 (0.08)
样本	9495	9495	2594	1421	5480
χ^2	1.28E+05	1.28E+05	1.30E+04	8.82E+03	6.79E+04

注：***、**和*分别表示1%、5%和10%的显著水平；方程中所有实变量取自然对数；CRE表示农户家庭2004—2008年该指标的均值，反映关联随机效应。

从农户家庭人口结构方面，无论是总人口数，还是人口的老年和女性劳动力比例，都对粮食生产效率不构成显著影响，这个结果在不同省份之间高度一致。已有的文献表明，外出转移的劳动力主要是年轻劳动力（Zhang, Yang and Wang, 2001；Du, Park and Wang, 2005；Zhao, 2003），Mu和van de Walle（2011）发现随着农村劳动力的大量转移，农村女性劳动力的劳动时间越来越多，而研究表明，女性劳动时间的增加并不会影响粮食生产效率。

最后，农户家庭的本地就业劳动时间比例和外出打工劳动时间比例可以直接检验它们是否对粮食生产效率构成影响。结果表明，无论是使用总样本，还是用各分省的样本，本地非农就业和外出打工比例的估计系数都不显著，说明它们并不会对粮食生产效率产生负面影响。唯一例外的是在江西、湖南和四川的回归方程中，本地非农就业劳动时间比例估计系数显著为负，意味着这3个省份本地非农就业时间的增加，会提高粮食生产效率，产生这种结果的原因可能是因为农户家庭劳动力从事本地非农就业，可以获得非农收入，进而能够购买较好的生产性投入要素，从而整体上提高了生产效率。

总的结果反映了无论是本地非农就业，还是外出打工，其对农户家庭粮食生产效率都没有显著和稳健的影响，同时人口结构方面也对生产效率无显著影响。为了深入研究，我们将本地非农就业和外出打工，与反映土地规模效应的虚拟变量相乘，形成交叉项，以观察不同土地规模下本地非农就业和外出打工是否对粮食生产效率有影响。农户家庭的土地虚拟变量按照每个家庭与该村的平均时间进行对比，如果某个农户家庭土地面积大于村平均水平，则该农户家庭土地虚拟变量等于1，否则等于0。从结果来看，两个交叉项的估计系数同样不显著，表明无论农户家庭的土地规模如何，本地非农就业和外出打工都对粮食生产效率不构成影响。

第五节　结论

从20世纪90年代末中国户籍制度放松以来，有2亿—3亿农民涌向城市从事非农就业工作，波澜壮阔的农民工转移无疑是人类奇观，对中国经济和社会都造成了巨大影响（蔡昉，2007；卢锋，2012）。然而，如此巨大规模的农村劳动力转移，是否会对中国历来自给自足的粮食生产造成影响呢？这是一个非常严重的问题。因为中国13亿人口的粮食保障一旦出现问题,将会对世界粮食市场产生严重的冲击。已有文献在不同层面估计了农户家庭非农就业对粮食生产的影响,其中包括从总产、单产以及其他投入要素如何替代劳动力,但却忽略了农户非农就业性对生产效率的影响研究,本章首次从生产效率的角度分析了农户家庭非农就业对粮食生产效率的影响。

为了获得更准确的效率估计值以真实反映现实,首先对已有的效率估计方法进行了创新。已有文献利用前沿随机分析模型(SFA)估计农户家庭特征对生产效率的影响时,并未考虑农户家庭存在某些不可观察的、会同时影响农户家庭特征和生产效率的因素。而如果不控制这些因素,无疑会造成内生性带来的实证估计结果偏差。为此,引入关联随机效应方法以控制这些不可观察的影响因素。

利用中国南北5个省份2004—2008年9000多个样本进行实证分析,无论利用总样本进行估计,还是分地区进行估计,实证结果都表明农户家庭的本地非农就业和外出打工对粮食生产效率没有显著的影响。

此外,实证结果还表明,农户家庭人口结构对粮食生产效率也没有显著影响,这意味着尽管近年来农村年轻劳动力大量流失,剩下的老年劳动力和女性劳动力依然能够保障粮食生产效率。

第六章 总结和展望

综合以上研究结果，可以看出，劳动力价格上涨对农业生产确实产生较大影响，既诱导了农业劳动力大量的流失，也诱导了农业机械社会化服务的产生，以替代不断流失的农业劳动力；从粮食生产率的角度来看，劳动力价格上涨诱导农业机械社会服务化的产生，并没有对粮食生产率构成显著影响；从粮食种植结构的角度来看，相对于经济作物而言，劳动力价格上涨对粮食种植比例带来了显著的负面影响，而对经济作物种植比例产生了显著的正向影响，尤其是蔬菜作物；从农村的土地流转来看，劳动力价格上涨有显著正向影响，有利于形成规模化经营。

对中国未来粮食发展，应该说，不用担心生产率，因为证据已经显示农业机械化不对生产率构成影响，主要是粮食生产结构调整的问题。随着经济的发展，劳动力价格也会不断攀升，农户可能更倾向于在未来种植收益高的经济作物，按照市场经济的发展，小规模和细碎化的粮食生产方式可能会逐渐减少。应对这种变化，未来国家的可能路径在于粮食生产的集中化、集团化生产，建立更多类似新疆地区的大型粮食农垦集团进行集中生产。集中生产的优势很明显，可以突破大型农业机械较难应用于细碎化农田，降低每亩机械使用成本。另外，大型农业机械的广泛使用还可以为工业和服务业节省出更多劳动力。在土地方面，虽然劳动力价格上涨能够诱导土地加速流转，但是规模和数量毕竟有限，政府可能需要采取更多方式来鼓励土地流转，比如土地入股等，让土地集中，打破传统细碎化经营方式，去除田埂，使土地集中成片进行机械化生产。

附 录

2011年农业部固定观察点地震问卷中机械化服务部分

第五部分 机械化服务

1. 在整地、耕种/插秧或收割时,您家是否使用或雇用机械化服务?

　　□1. 是　　□2. 否(转到2)

1.1. 是否与地块邻近的村民一起雇用机械化服务?

　　□1. 是　　□2. 否

1.2. 是否与地块邻近的村民商量耕种时间,以便共同雇用机械化服务?

　　□1. 是　　□2. 否

1.3. 是否与地块邻近的村民商量种植作物种类,以便共同雇用机械化服务?

　　□1. 是　　□2. 否

1.4. 提供机械化服务的人主要是_____(见代码Y)

2. 未雇用机械化服务的主要原因是_____(见代码Z)

代码：Y 1. 本村人；2. 外村本省人；3. 外省人，具体省份是（请在横线处具体填写）_____。

　　　　Z 1. 地势不平坦，大型机械无法作业；2. 村庄偏远，没有人过来提供机械化服务；3. 自家也购买了大型机械；4. 靠自家劳动力和小型机械就可以进行农业生产；5. 其他（请在横线处具体填写）_____。

2012 年农业部固定观察点机械化服务专项调查问卷

A. 农业生产

耕田：

2012 年			水稻	小麦	玉米
耕田	是否使用机械耕田？（1 = 是，0 = 否）		A1	A9	A17
	耕田机械是不是自家的？（1 = 是，0 = 否）		A2	A10	A18
	若机械不是自家的	来自哪里？	A3	A11	A19
		价格（元/亩）	A4	A12	A20
2008 年			水稻	小麦	玉米
耕田	是否使用机械耕田？（1 = 是，0 = 否）		A5	A13	A21
	耕田机械是不是自家的？（1 = 是，0 = 否）		A6	A14	A22
	若机械不是自家的	来自哪里？	A7	A15	A23
		价格（元/亩）	A8	A16	A24

注："来自哪里"填写数字：1. 本村人；2. 本县外村人；3. 本省外县人；4. 外省人。

播种（或插秧）：

<table>
<tr><th colspan="3">2012 年</th><th>水稻</th><th>小麦</th><th>玉米</th></tr>
<tr><td rowspan="4">播种</td><td colspan="2">是否使用机械播种？（1＝是，0＝否）</td><td>A25</td><td>A33</td><td>A41</td></tr>
<tr><td colspan="2">播种机械是不是自家的？（1＝是，0＝否）</td><td>A26</td><td>A34</td><td>A42</td></tr>
<tr><td rowspan="2">若机械不是自家的</td><td>来自哪里？</td><td>A27</td><td>A35</td><td>A43</td></tr>
<tr><td>价格（元/亩）</td><td>A28</td><td>A36</td><td>A44</td></tr>
<tr><th colspan="3">2008 年（奥运会那年）</th><th>水稻</th><th>小麦</th><th>玉米</th></tr>
<tr><td rowspan="4">播种</td><td colspan="2">是否使用机械播种？（1＝是，0＝否）</td><td>A49</td><td>A57</td><td>A65</td></tr>
<tr><td colspan="2">播种机械是不是自家的？（1＝是，0＝否）</td><td>A50</td><td>A58</td><td>A66</td></tr>
<tr><td rowspan="2">若机械不是自家的</td><td>来自哪里？</td><td>A51</td><td>A59</td><td>A67</td></tr>
<tr><td>价格（元/亩）</td><td>A52</td><td>A60</td><td>A68</td></tr>
</table>

注："来自哪里"填写数字：1. 本村人；2. 本县外村人；3. 本省外县人；4. 外省人。

收割：

<table>
<tr><th colspan="3">2012 年</th><th>水稻</th><th>小麦</th><th>玉米</th></tr>
<tr><td rowspan="4">收割</td><td colspan="2">是否使用机械收割？（1＝是，0＝否）</td><td>A49</td><td>A57</td><td>A65</td></tr>
<tr><td colspan="2">收割机械是不是自家的？（1＝是，0＝否））</td><td>A50</td><td>A58</td><td>A66</td></tr>
<tr><td rowspan="2">若机械不是自家的</td><td>来自哪里？</td><td>A51</td><td>A59</td><td>A67</td></tr>
<tr><td>价格（元/亩）</td><td>A52</td><td>A60</td><td>A68</td></tr>
<tr><th colspan="3">2008 年</th><th>水稻</th><th>小麦</th><th>玉米</th></tr>
<tr><td rowspan="4">收割</td><td colspan="2">是否使用机械收割？（1＝是，0＝否）</td><td>A53</td><td>A63</td><td>A69</td></tr>
<tr><td colspan="2">收割机械是不是自家的？（1＝是，0＝否）</td><td>A54</td><td>A62</td><td>A70</td></tr>
<tr><td rowspan="2">若机械不是自家的</td><td>来自哪里？</td><td>A55</td><td>A63</td><td>A71</td></tr>
<tr><td>价格（元/亩）</td><td>A56</td><td>A64</td><td>A72</td></tr>
</table>

注："来自哪里"填写数字：1. 本村人；2. 本县外村人；3. 本省外县人；4. 外省人。

收割后运输：

<table>
<tr><th colspan="3">2012 年</th><th>水稻</th><th>小麦</th><th>玉米</th></tr>
<tr><td rowspan="4">运输</td><td colspan="2">收获后是否使用机械运输？（1＝是，0＝否）</td><td></td><td></td><td></td></tr>
<tr><td colspan="2">运输机械是不是自家的？（1＝是，0＝否）</td><td></td><td></td><td></td></tr>
<tr><td rowspan="2">若机械不是自家的</td><td>来自哪里？</td><td></td><td></td><td></td></tr>
<tr><td>价格（元/亩）</td><td></td><td></td><td></td></tr>
</table>

续表

2008 年		水稻	小麦	玉米
运输	收获后是否使用机械运输？（1=是，0=否）			
	运输机械是不是自家的？（1=是，0=否）			
	若机械不是自家的 — 来自哪里？			
	若机械不是自家的 — 价格（元/亩）			

注："来自哪里"填写数字：1. 本村人；2. 本县外村人；3. 本省外县人；4. 外省人。

B. 自家农业机械存量

	耕田机械	农药喷雾器	收割机	小型拖拉机	三轮车	汽车
是否拥有？（1=是，0=否）						
哪年购买？						
原价（元）						
政府补贴（元）						
马力（瓦）						
多少天用于自家农业（天）						
多少天帮助他人农业（天）						
若帮助他人，价格多少（元/天）						

C. 其他问题

1	您家有耕牛吗？（1=有，0=无）	
2	您家有人外出打工吗？（1=有，0=无）	
3	2012 年外出打工，每个人一个月大约可以挣多少钱？（元/月）	
4	2008 年外出打工，每个人一个月大约可以挣多少钱？（元/月）	
5	如果家里有人外出打工，在农忙的季节，他们会回家帮忙吗？（1=会，0=不会）	
6	2012 年，如果请人帮忙干农活，雇用一个人每天大约要多少钱（元/天）	
7	2008 年，如果请人帮忙干农活，雇用一个人每天大约要多少钱（元/天）	

续表

8	生产过程中,您是否会考虑到地块临近,与邻居一起共同商量使用机械服务(1=是,0=否)	
9	生产过程中,您是否会种植相同的作物品种,以便与邻居共同使用机械服务(1=是,0=否)	
10	您如果在生产过程中(比如收割)没有使用机械,主要原因是什么^2	

注:"主要原因"填写数字:1. 地势不平坦,大型机械无法作业;2. 村庄偏远,没有人过来提供机械化服务;3. 靠自家劳动力和小型农具就可以进行农业生产;4. 其他。

江苏省徐州市沛县农业机械化合作社调查问卷

问卷编码:_____

2012年中国农业部、浙江大学关于徐州沛县农机作业调查(合作社社员调查)

乡镇:_____

村庄:_____

合作社:_____

被访人姓名:_____

电话:_____

您好!我们来自浙江大学,此次与中国农业部联合进行问卷式调查,目的是了解沛县农机发展现状,有关信息会为您保密。谢谢您的配合!

调查员:_____

调查时间:_____年_____月_____日

A：社员基本信息

1	2	3	4	5	6	7	8	9	10	11
个人编码	姓名	性别	年龄	民族	教育水平	婚姻状况	是否为村干部	是否为党员	合作社工作	当前第一主要工作	当前第二主要工作
101										

性别：1=男；0=女

民族：1=汉族；0=少数民族

教育水平：1=小学；2=初中；3=中专；4=高中；5=大专；6=大学；7=未读书

婚姻状况：1=已婚；2=未婚；3=离婚；4=丧偶；5=其他

是否为村干部：1=是；0=否

是否为党员：1=是；0=否

合作社工作：1=合作社社长；2=合作社社干部；3=普通社员；4=非合作社成员

主要工作：1=务农；2=跨区农机作业；3=本地农机作业；4=本地打工；5=外出打工；6=本地做生意；7=上学；8=家务；9=其他（请注明）

B：家庭信息

序号	问题	答案
1	是否为村内大姓？（1=是；0=否）	
2	现在家中几口人？（单位：人）	
3	在村内有几户亲戚？（单位：户）	
4	乘坐一般交通工具，到县城需要多长时间？（单位：小时）	
5	您家是否有摩托车？（1=是；0=否）	
6	××若有，哪一年购买？（若没有，不填；若多辆，填写最早购买时间）	
7	您家是否有小轿车？（1=是；0=否）	
8	××若有，哪一年购买？（若没有，不填；若多辆，填写最早购买时间）	
9	您家最近十年是否新建了房子？（1=是；0=否）	
10	××若有，哪一年新建？（若没有，不填）	

续表

序号	问题		答案
11	××若有，当年建房子花了多少钱？（单位：元）		
12	2011年家庭总土地面积	旱地：_____亩	其中，小麦播种面积：_____亩、玉米播种面积：_____亩
13		水地：_____亩	其中，水稻播种面积：_____亩
14	租入土地面积	旱地：_____亩	租金：_____元/亩（若用粮食支付，请折算成现金；下同）
15		水地：_____亩	租金：_____元/亩
16	租出土地面积	旱地：_____亩	租金：_____元/亩
17		水地：_____亩	租金：_____元/亩
18	2011年，您家有种植小麦和水稻吗？（1=有；0=没有）		
19	××若有种植，土地都是机械耕作的吗？（1=是；0=否）		
20	××若是机械耕作，耕田的机械主要来自哪里？（1=自己家的；2=本村内；3=本乡内；4=本县内；5=本省内；6=外省）		
21	2011年若有种植水稻，插秧都是机械作业吗？（1=是；0=否）		
22	××若是，插秧的机械是哪里的？（1=自己家的；2=本村内；3=本乡内；4=本县内；5=本省内；6=外省）		
23	您家里小麦从哪年开始机械收割？（单位：年）		
24	您家里水稻从哪年开始机械收割？		
25	您家里以前和现在水稻和小麦收割的机械是哪里的？（1=自己家的；2=本村内；3=本乡内；4=本县内；5=本省内；6=外省）		
26	您家自己种的水稻和小麦，除了自己吃，有卖掉的吗？（1=有；0=没有）		

续表

序号	问题	答案
27	××若有卖掉的部分,大约卖掉多少?(单位:%)	
28	××如有卖的,2011年,您种植水稻和小麦,卖了多少钱?(元)	

C:农机作业历史与现状

序号	问题	答案
1	您哪一年开始从事农机作业?	
2	第一年从事农机作业是自己购买机械干,还是给别人干?(1=自己购买机械干;0=给别人干)	
3	您第一年从事农机作业时,承担的角色(1=机手;0=小工)?	
4	家庭哪一年购买第一台机械?	
5	购买机器后,哪一年开始从事跨区作业?	
6	购买的第一台机械类型(1=全喂入联合收割机;2=半喂入联合收割机;3=插秧机;4=耕田机;5=其他)	
7	购买第一台机械花了多少钱?(单位:元)	
8	当时是否借钱?(1=有借钱;0=没有借钱)	
9	××若借钱,从哪里借?(1=亲戚;2=朋友;3=银行;4=信用社;5=其他)(可多选)	
10	××若借钱,总共借了多少钱?(单位:元)	
11	××若借钱,是否支付利率?(1=是;0=否)	
12	××若借钱有利率,利率是多少?(单位:%)	
13	您最近几年购买机械时,国家农机补贴金额是不是一个重要考虑因素?(1=是;0=否)	
14	您最新的机械都是从哪里购买?(1=江苏省内;2=山东省;3=其他省)	

续表

序号	问题	答案
15	××若是从其他省购买，为什么？（1＝因为其他地区国家补贴的更多；2＝方便；3＝其他）	
16	您目前拥有机械数量？（单位：台）	
17	您目前拥有的机械类型和台数（1＝全喂入联合收割机_____台；2＝半喂式联合收割机_____台；3＝插秧机_____台；4＝耕田机_____台；5＝其他_____台）	
18	您家里机械的价值多少钱？（按原价计算，元）	
19	是否购买汽车用于拖拉农机（1＝是；0＝否）	

D：作业类型、路线和组织方式

序号	问题	答案
1	2011年，您外出作业主要从事的作业类型（1＝小麦的收割；2＝水稻的收割；3＝插秧；4＝耕田；5＝其他）	
2	最近几年，您主要的作业范围（1＝市内；2＝省内；3＝跨省）	
3	最近几年，您跨区作业南方时间长，还是北方时间长？（1＝南方；0＝北方）	
4	作业的时间跨度：从每年_____月至_____月	
5	您是否有跨区作业证？（1＝有；0＝没有）	
6	2011年，您有几台机械外出作业？（单位：台）	
7	2011年，您外出作业的机械类型？（1＝全喂入联合收割机；2＝半喂入联合收割机；3＝插秧机；4＝耕地机；5＝其他）	
8	2011年，您每台机械配置几个人？（包括您自己）（单位：人）	
9	2011年，您家里有几位家庭成员与您一起外出作业？（单位：人）	
10	2011年，除家庭成员外，您雇用了几位机手？（单位：人）	

续表

序号	问题	答案
11	2011年,除家庭成员外,您雇用了几位小工?(单位:人)	
12	2011年的跨区外出天数(单位:天)	
13	2011年的跨区实际作业天数(单位:天)	
14	2011年在外跨区耽误的天数(包括阴天下雨、浪费在路上、机械的维修、在农村找不到活干)	
15	从家出发时,您是与合作社其他人以小组的形式统一出发,还是自己单独走?(1=以小组形式出发;0=自己单独走)	
16	××若是以小组的形式出发,您所在小组有几台机械?(单位:台)	
17	××若是以小组的形式出发,您所在的小组与合作社其他小组的大致行驶方向是一样的吗?(1=是;0=否)	
18	××若以小组的形式出发,每到一个县或乡镇,您是否与小组成员分开,各自寻找村庄作业吗?(1=是;0=否;)	
19	2011年外出作业路线是由合作社安排,还是您自己确定?(1=合作社安排路线;0=自己确定)	
20	白天作业后,晚上会和合作社其他成员聚集在一起吗?(1=是;0=否)	
21	在外跨区时,晚上的住宿怎么解决?(1=住旅馆;2=住农民家里;3=住在野外)(多选)	
22	××其中,以哪种方式为主?	
23	在外跨区时,如何吃饭?(1=在野外自己做饭;2=在农户家吃饭;3=在饭店吃饭;4=其他)(多选)	
24	××其中,以哪种方式为主?	
25	2011年,您的作业路线是:	
26	您外出跨区结束后,回家是否会做些小工?(1=是;0=否)	

续表

序号	问题	答案
27	××若有做小工,在什么地点?(1=县内;2=市内;3=省内;4=外省)	
28	××若有做小工,主要做什么工作?(1=开车跑运输;2=建筑地当小工;3=做生意;4=其他)	
29	××若是在建筑地打小工,容易找到活吗?(1=容易;0=不容易)	
30	××若有打小工,有活干时,一天工资多少元?(单位:元/天)	
31	××若有打小工,每月能挣多少钱?(单位:元/月)	

E:价格

序号	问题	答案
1	您给单个农户作业时,价格一般会签订书面合同吗?(1=不签订,主要以口头形式;0=签订书面合同)	
2	您在给单个农户作业时,一般是在干活前收钱,还是在干活后收钱?(1=干活前收钱;2=干活后收钱;3=干活前给一部分,干完后结清)	
3	您在给单个农户作业后,是否遇到不给钱的情况?(1=有遇到;0=没有遇到)	
4	遇到农户不给钱情况,一般您如何处理?(1=算了,走人;2=降低价格,少收一点;3=向沛县农机局求助;4=其他)	
5	您在给农场作业时,一般会先签订书面合同吗?(1=签订书面合同;0=不签订,主要以口头形式)	
6	您在给农场作业时,一般是在干活前收钱,还是在干活后收钱?(1=干活前收钱;2=干活后收钱;3=干活前给一部分,干完后结清)	

续表

序号	问题	答案
7	您在给农场作业后,是否遇到不给钱的情况?(1=有遇到;0=没有遇到)	
8	一般遇到农场不给钱情况,您如何处理?(1=算了,走人;2=降低价格,少收一点;3=向沛县农机局求助;4=其他,请注明)	

E1:跨区的成本和收益(单位:元)

年份	当年净挣了多少钱?(除去给家人工资)	当年通信费花了多少钱?	当年维修费用?(包括维修和保养)	当年跨区作业多少天?	每天的生活成本多少?	当年作业多少亩?	每亩的柴油费用?	当年总柴油费用?	雇工工资费用?(包括给家人支付工资)
2011年									
2007年									
跨区作业的第一年									

F:机械维修

序号	问题	答案
1	从家出发时,您会为机械故障维修问题担心吗?(1=担心;0=不用担心)	
2	除了发动机以外,您现在是否会所有机械零部件的维修?(1=是;0=否)	
3	当初在第一次购买机械时,是否已经学会了维修技术?(1=是;0=否)	

续表

序号	问题	答案
4	您的维修技术是从哪里学到的？（1 = 农机厂家提供的培训；2 = 跟其他人边干边学；3 = 通过自我看书学习；4 = 其他，请注明）	
5	一般外出作业时，您是否都自带机械零件？（1 = 是；0 = 否）	
6	每年外出跨区作业时，您自己带的零件够用吗？（1 = 够用；0 = 不够用）	
7	如果自己带的零件不够，您怎么办？（1 = 向合作社其他成员求助；2 = 向农机生产厂家服务车队求助；3 = 找作业地区当地的机械维修站点；4 = 其他，请注明）	
8	其中，以什么为主？（1 = 向合作社其他成员求助；2 = 向农机生产厂家服务车队求助；3 = 找作业地区当地的机械维修站点；4 = 其他，请注明）	
9	2011年，您的机械保养了几次？（单位：次）	
10	2011年，您每次保养花多少钱？（单位：元）	
11	一般每年机器保养在哪里？（1 = 合作社仓库；2 = 县维修点；3 = 市维修点；4 = 其他，请注明）	

G：撞车与冲突

序号	问题	答案
1	您在哪年第一次遇到撞车？	
2	哪一年开始，撞车比较多？	
3	2011年，是否遇到撞车？（1 = 有撞车；0 = 没撞车）	
4	2011年，您在外撞车发生了几次？（单位：次）	
5	撞车后怎么处理？（1 = 换地方，寻找新的村庄；2 = 降低价格，与其他车辆竞争）	
6	从家出发时，您是否会为外出作业撞车担心？（1 = 是；0 = 否）	

续表

序号	问题	答案
7	现在撞车多了，您会采取什么措施？（1=还是按以往的方式作业；2=寻找新的路线；3=其他，请注明）	
8	××若是寻找新的路线，您是与小组成员一起寻找，还是一个人单独寻找？（1=与小组成员一起；0=自己单独）	
9	××若是寻找新的路线，您怎么寻找？（1=自己闯；2=通过当地人介绍；3=通过当地农机局的指点；4=沛县农机局；5=其他，请注明）	
10	其中，以什么方式为主？	

H：公路收费

序号	问题	答案
1	在国家免跨区作业路费政策下，您过路和过桥，是否依然被强行收取费用？（1=是；0=否）	
2	××若遇到被收取过路费、过桥费时，您首先会怎么处理？（1=交费；2=向当地政府求助；3=向沛县农机局求助；4=其他，请注明）	

I：劳动力市场发展

序号	问题		答案
1	您以往在外出作业时	机手主要来自（1=家里人；2=亲戚朋友；3=本地劳动力市场；4=相互介绍；5=其他，请注明）	
2		小工主要来自（1=家里人；2=亲戚朋友；3=自己在本地寻找；4=通过朋友介绍；5=其他，请注明）	
3	您觉得现在雇用机手困难吗？（1=困难；0=不困难）		
4	您觉得现在雇用小工困难吗？（1=困难；0=不困难）		
5	××若困难，哪一年开始雇用机手和小工开始比较困难？		

续表

序号	问题	答案
6	支付工资,是按天计算,还是按年计算?(1=按天计算;0=按年计算)	
7	从出门的那天开始,直到回来,无论有没有活干,是否每天都要支付机手和小工的工资?(1=是;0=否)	
8	雇用机手或者小工,您是等机器作业回家后,一次性付清工资吗?(1=是;0=否)	
9	雇用机手的价格:(单位:元/天)	2011年
10		2007年
12		跨区作业的第一年
13	雇用小工的价格:(单位:元/天)	2011年
16		2007年
18		跨区作业的第一年

J:柴油

序号	问题	答案
1	在外作业时,您担心无法加到柴油吗?(1=担心;0=不担心)	
2	每次外出时,您会带多少个油箱?(单位:个)	
3	××若有带油箱,每个油箱多少公斤?(单位:公斤)	
4	每次外出时,您会带多少个油桶?(单位:个)	
5	××若有带油桶,每个油桶多少公斤?(单位:公斤)	
6	是否每到一个地方,您都会到当地的加油站去加油,以储备柴油?(1=是;0=否)	
7	您在外地加柴油时,有遇到当地加油站需要您额外支付小费,才给您加油的吗?(1=有;0=没有)	
8	您在外地加柴油时,有遇到当地加油站给车辆加油,但拒绝给外地联合收割机加油的情况吗?(1=有;0=没有)	

续表

序号	问题	答案
9	您哪年遇到加不到柴油问题？在哪些省？（多选）	
10	年份：_____年_____月	省份：
11	年份：_____年_____月	省份：
12	年份：_____年_____月	省份：
13	年份：_____年_____月	省份：
14	年份：_____年_____月	省份：
15	年份：_____年_____月	省份：

K：主观问题

序号	问题	答案
1	第一重要问题：	
2	第二重要问题：	
3	第三重要问题：	
4	第四重要问题：	

选项：1＝加不到柴油；2＝机械故障时得不到及时维修；3＝撞车；4＝难以雇用到机手；5＝难以雇用到小工；6＝机械购买不到；7＝路上拦截；8＝过路过桥乱收费；9＝其他（需注明）。

L：合作社情况（社长填写）

序号	问题	答案
1	合作社哪年成立？（单位：年）	
2	注册资本是多少？（单位：万元）	
3	目前有多少成员？（单位：人）	
4	目前有多少机械？（单位：台）	
5	以什么类型机械为主？（1＝全喂入联合收割机；2＝半喂入联合收割机；3＝插秧机；4＝耕田机；5＝其他，请注明）	
6	合作社是否建有库房？（1＝有；0＝无）	

续表

序号	问题	答案
7	××如果有，自己出了_____万元？国家补助_____万元？	
8	社员离开家出发作业，组织形式（1=绝大多数社员由合作社统一安排路线；2=部分社员自己组成小队确定路线；3=单个成员自己确定路线；4=其他，请注明）	
9	合作社为社员提供保养和维修吗？（1=是；0=否）	
10	合作社外出作业合同，有多少是县政府帮助签订的？（单位：%）	_____%
11	您作为社长，是否自己每年也会外出签订合同，还是在早些年会出去寻找合同？（1=每年；0=早些年）	
12	您作为社长，外出寻找合同时的方式有（1=自己去新的地方寻找；2=根据县农机局的信息小册子；3=其他，请注明）	
13	您外出为合作社寻找合同时，交通等费用是自己出，还是合作社成员为您凑？（1=自己出；0=合作社成员出）	
14	合作社是否能为社员贷款提供帮助？（1=是；0=否）	

参考文献

中文文献

[1] [美] 奥利弗·伊顿·威廉姆森：《资本主义经济制度》，段毅才、王伟译，商务印书馆2002年版。

[2] 蔡昉、都阳、王美艳：《劳动力流动的政治经济学》，上海人民出版社2003年版。

[3] 蔡昉：《中国流动人口问题》，社会科学文献出版社2007年版。

[4] 蔡昉、都阳：《工资增长、工资趋同与刘易斯转折点》，《经济学动态》2011年第9期。

[5] 蔡荣、蔡书凯：《农业生产环节外包实证研究——基于安徽省水稻主产区的调查》，《农业技术经济》2014年第4期。

[6] 曹阳、胡继亮：《中国土地家庭承包制度下的农业机械化——基于中国17省（区、市）的调查数据》，《中国农村经济》2010年第10期。

[7] 陈超、李寅秋、廖西元：《水稻生产环节外包的生产率效应分析——基于江苏省三县的面板数据》，《中国农村经济》2012年第2期。

[8] 陈关聚：《中国制造业全要素能源效率及影响因素研究——基于面板数据的随机前沿分析》，《中国软科学》2014年第1期。

[9] 陈锡文、陈昱阳、张建军：《中国农村人口老龄化对农业产出影响的量化研究》，《中国人口科学》2011年第2期。

[10] 陈秀梅：《刍议中国劳动力价格与经济增长路径转变》，《经济问题》2007年第4期。

[11] 陈玉萍、吴海涛、陶大云、Pandey Sushil、徐鹏、胡凤益、丁

士军、王怀豫、冯璐:《基于倾向得分匹配法分析农业技术采用对农户收入的影响——以滇西南农户改良陆稻技术采用为例》,《中国农业科学》2010年第17期。

[12] 丁守海:《劳动剩余条件下的供给不足与工资上涨》,《中国社会科学》2011年第5期。

[13] 杜建军、孙君、汪伟:《我国藏族地区农村劳动力转移的调查思考》,《中国软科学》2014年第11期。

[14] 杜文杰:《农业生产技术效率的政策差异研究——基于时不变阈值面板随机前沿分析》,《数量经济技术经济研究》2009年第9期。

[15] 费孝通:《江村经济》,商务印书馆2001年版。

[16] 费孝通:《乡土中国》,北京出版社2005年版。

[17] 扶玉枝、黄祖辉:《营销合作社分类型效率考察,理论框架与实证分析》,《中国农村观察》2012年第5期。

[18] [美] 富兰克·H. 奈特:《风险、不确定性和利润》,王宇等译,中国人民大学出版社2005年版。

[19] [美] 盖尔·约翰逊:《经济发展中的农业农村农民问题》,林毅夫、赵耀辉译,商务印书馆2004年版。

[20] 高帆:《我国粮食生产的地区变化:1978—2003年》,《管理世界》2005年第9期。

[21] 龚维斌:《劳动力外出就业对农业生产的影响》,《南京师范大学报》(社会科学版)1999年第3期。

[22] 郭嘉、吕世辰:《土地租赁影响因素实证研究》,《经济问题》2010年第6期。

[23] 郭亚军、姚顺波、霍学喜:《中国苹果生产技术进步率测算与分析——基于随机前沿分析方法》,《农业技术经济》2013年第3期。

[24] 国家发展和改革委员会价格司:《全国农产品成本收益资料汇编》,中国统计出版社2013年版。

[25] 国家统计局农村社会经济调查司:《中国农村统计年鉴》,中

国统计出版社2013年版。

[26] 胡鞍钢、刘生龙、马振国：《人口老龄化、人口增长与经济增长——来自中国省际面板数据的实证证据》，《人口研究》2012年第3期。

[27] 胡苏云、王振：《农村劳动力的外出就业及其对农户的影响——安徽省霍山县与山东省牟平县的比较分析》，《中国农村经济》2004年第1期。

[28] 胡雪枝、钟甫宁：《农村人口老龄化对粮食生产的影响——基于农村固定观察点数据的分析》，《中国农村经济》2012年第7期。

[29] 胡雪枝、钟甫宁：《人口老龄化对种植业生产的影响——基于小麦和棉花作物分析》，《农业经济问题》2013年第2期。

[30] 花晓波、闫建忠、袁小燕：《劳动力务工机会成本上升对丘陵山区农地弃耕的影响》，《西南大学学报》（自然科学版）2014年第36期。

[31] 黄金波、周先波：《中国粮食生产的技术效率与全要素生产率增长，1978—2008》，《南方经济》2010年第9期。

[32] 黄利军、胡同泽：《我国西部地区农业生产效率DEA分析》，《农业与技术》2006年第3期。

[33] 黄宗智：《华北的小农经济与社会变迁》，中华书局2000年版。

[34] 黄祖辉、杨进、彭超、陈志刚：《中国农户家庭的劳动供给演变：人口、土地和工资》，《中国人口科学》2012年第6期。

[35] 黄祖辉、王建英、陈志钢：《非农就业、土地租赁与土地细碎化对稻农技术效率的影响》，《中国农村经济》2014年第11期。

[36] 亢霞、刘秀梅：《我国粮食生产的技术效率分析——基于随机前沿分析方法》，《中国农村观察》2005年第4期。

[37] ［美］科尔曼：《社会理论的基础》，社会科学文献出版社2008年版。

[38] 李旻、赵连阁：《农村女性劳动力外出打工对农户收入的影响——基于辽宁省的实证分析》，《农业经济问题》2008 年第 5 期。

[39] 李旻、赵连阁：《农业劳动力"老龄化"现象及其对农业生产的影响——基于辽宁省的实证分析》，《农业经济问题》2009 年第 10 期。

[40] 李周、于法稳：《西部地区农业生产效率的 DEA 分析》，《中国农村观察》2005 年第 6 期。

[41] 连玉君、苏治、谷月东：《股权激励有效吗？——来自 PSM 的新证据》，2010 年中国国际金融年会。

[42] 林本喜、邓衡山：《农业劳动力老龄化对土地利用效率影响的实证分析——基于浙江省农村固定观察点数据》，《中国农村经济》2012 年第 4 期。

[43] 林毅夫、蔡昉、李周：《中国的奇迹：发展战略与经济改革》，上海三联书店 1999 年版。

[44] 刘怀宇、李晨婕、温铁军：《"被动闲暇"中的劳动力机会成本及其对粮食生产的影响》，《中国人民大学学报》2008 年第 6 期。

[45] 陆文聪、梅燕、李元龙：《中国粮食生产的区域变化，人地关系、非农就业与劳动报酬的影响效应》，《中国人口科学》2008 年第 3 期。

[46] 陆文聪、梅燕：《中国粮食生产区域格局变化及其成因实证分析——基于空间计量经济学模型》，《中国农业大学学报》2007 年第 3 期。

[47] 罗必良：《农地保障和退出条件下的制度变革：福利功能让渡财产功能》，《区域经济》2013 年第 1 期。

[48] ［美］罗宾斯·莱昂内尔：《经济科学的性质和意义》，朱泱译，商务印书馆 2000 年版。

[49] ［美］K. 罗伯特：《案例研究方法的应用》，周海涛、齐心译，重庆大学出版社 2009 年版。

[50] 彭代彦、文乐：《农村劳动力结构变化与粮食生产的技术效率》，《华南农业大学学报》2015年第1期。

[51] 齐传钧：《人口老龄化对经济增长的影响分析》，《中国人口科学》2010年第S1期。

[52] 钱丽、肖仁桥、杨桂元：《基于DEA模型的安徽省农业生产效率评价研究》，《工业技术经济》2010年第10期。

[53] 钱文荣、郑黎义：《劳动力外出务工对农户农业生产的影响——研究现状与展望》，《中国农村观察》2011年第1期。

[54] 钱文荣、郑黎义：《劳动力外出务工对农户水稻生产的影响》，《中国人口科学》2010年第5期。

[55] 钱忠好：《非农就业是否必然导致农地流转——基于家庭内部分工的理论分析及其对中国农户兼业化的解释》，《中国农村经济》2008年第10期。

[56] 屈宝香、张华、李刚：《中国粮食生产布局与结构区域演变分析》，《中国农业资源与区划》2011年第1期。

[57] 全炯振：《中国农业全要素生产率增长的实证分析，1978—2007年——基于随机前沿分析（SFA）方法》，《中国农村经济》2009年第9期。

[58] 盛运来：《中国统计年鉴》，中国统计出版社2013年版。

[59] [美] 西奥多·舒尔茨：《改造传统农业》，梁小民译，商务印书馆2006年版。

[60] 谭丹、黄贤金：《区域农村劳动力市场发育对农地流转的影响——以江苏省宝应县为例》，《中国土地科学》2007年第21期。

[61] 汪旭晖、刘勇：《基于DEA模型的我国农业生产效率综合评价》，《河北经济贸易大学学报》2008年第1期。

[62] 王欧、杨进：《农业补贴对中国农户粮食生产的影响》，《中国农村经济》2014年第5期。

[63] 王晓兵、侯麟科、张砚杰、孙剑林：《中国农村土地租赁市场发育及其对农业生产的影响》，《农业技术观察》2011年第10

期。
［64］王跃梅、姚先国、周明海：《农村劳动力外流、区域差异与粮食生产》，《管理世界》2013年第11期。
［65］王志刚、龚六堂、陈玉宇：《地区间生产效率与全要素生产率增长率分解（1978—2003）》，《中国社会科学》2006年第2期。
［66］王志刚、申红芳、廖西元：《农业规模经营，从生产环节外包开始——以水稻为例》，《中国农村经济》2011年第9期。
［67］王子成：《外出务工、汇款对农户家庭收入的影响——来自中国综合社会调查的证据》，《中国农村经济》2012年第4期。
［68］魏万青：《户籍制度改革对流动人口收入的影响研究》，《社会学研究》2012第1期。
［69］吴鸢莺、李力行、姚洋：《农业税费改革对土地租赁的影响——基于状态转换模型的理论和实证分析》，《中国农村经济》2014年第7期。
［70］伍山林：《中国粮食生产区域特征与成因研究——市场化改革以来的实证分析》，《经济研究》2000年第10期。
［71］［美］伍德里奇：《计量经济学导论：现代观点》，清华大学出版社2007年版。
［72］许经勇：《多渠道转移农民就业的理性思考》，《厦门大学学报》（哲学社会科学版）2009年第1期。
［73］薛宇峰：《中国粮食生产区域分化的现状和问题——基于农业生产多样化理论的实证研究》，《管理世界》2008年第3期。
［74］杨锦英、韩晓娜、方行明：《中国粮食生产效率实证研究》，《经济学动态》2013年第6期。
［75］杨进、郭松、张晓波：《农机跨区作业发展——以江苏沛县为例》，《中国农机化学报》2013年第2期。
［76］姚洋：《非农就业结构与土地租赁市场的发育》，《中国农村观察》1999年第2期。
［77］姚洋：《中国农地制度，一个分析框架》，《中国社会科学》

2000 年第 2 期。

[78] 易中懿等：《中国农业机械化年鉴》，中国农业科学技术出版社 2011 年版。

[79] 应瑞瑶、郑旭媛：《资源禀赋、要素替代与农业生产经营方式转型——以苏、浙粮食生产为例》，《农村经济问题》2013 年第 12 期。

[80] 张宁、胡鞍钢、郑京海：《应用 DEA 方法评测中国各地区健康生产效率》，《经济研究》2006 年第 7 期。

[81] 张照新：《中国农村土地租赁市场发展及其方式》，《中国农村经济》2002 年第 2 期。

[82] 张忠明、钱文荣：《不同兼业程度下的农户土地租赁意愿研究》，《农业经济问题》2014 年第 5 期。

[83] 张忠明、钱文荣：《农户土地经营规模与粮食生产效率关系实证研究》，《中国土地科学》2010 年第 8 期。

[84] 中华人民共和国农业部：《新中国农业 60 年统计资料》，中国农业出版社 2009 年版。

[85] 周华林、李雪松：《Tobit 模型估计方法与应用》，《经济学动态》2012 年第 5 期。

英文文献

[1] Adam, S., 1976, *The Wealth of Nations*, New York, Oxford University Press.

[2] Aigner, D., Lovell, C. and Schmidt, P., 1977, "Formulation and Estimation of Stochastic Frontier Production Function Models", *Journal of Econometrics*, 6 (1), pp. 21 – 37.

[3] Akerlof, G., 1970, "The Market for 'Lemons': Quality Uncertainty and the Market Mechanism", *The Quarterly Journal of Economics*, 84 (3), pp. 488 – 500.

[4] Alfred, M., 1920, *Principles of Economics*, 8Th Edition, London, Macmillan.

[5] Barrett, C., M. Carter and C. Timmer, 2010, "A Century – long

Perspective on Agricultural Development", *American Journal of Agricultural Economics*, 92 (2), pp. 447 – 468.

[6] Battese, G. E. and Coelli, T., 1995, "Model for Technical Inefficiency Effects in a Stochastic Frontier Production Function for Panel Data", *Empirical Economics*, 20 (2), pp. 325 – 332.

[7] Becker, G. S. and Murphy, K., 1992, "The Division of Labor, Coordination Costs, and Knowledge", *The Quarterly Journal of Economics*, 107 (4), pp. 1137 – 1160.

[8] Becker, S. and Ichino, A., 2002, "Estimation of Average Treatment Effects Based on Propensity Scores", *Stata Journal*, 2 (4), pp. 358 – 377.

[9] Benjamin, D., L., Brandt and J., Giles, 2005, "The Evolution of Income Inequality in Rural China", *Economic Development and Cultural Change*, 53 (4), pp. 769 – 824.

[10] Boyer, G. and Smith, R., 2001, "The Development of the Neoclassical Tradition in Labor Economics", *Industrial and Labor Relations Review*, 54 (2), pp. 199 – 223.

[11] Cai, F. and Du, Y., 2011, "Wage Increases, Wage Convergence, and the Lewis Turning Point in China", *China Economic Review*, 22 (4), pp. 601 – 610.

[12] Cai, F., 2010, "Demographic Transition, Demographic Dividend, and Lewis Turning Point in China", *China Economic Journal*, 3 (2), pp. 107 – 119.

[13] Cai, F., Du, Y. and Wang, M., 2009, "Migration and Labor Mobility in China", Human Development Research Paper, DC, United Nations Development Program.

[14] Chamberlain, G., 1980, "Analysis of Covariance with Qualitative Data", *The Review of Economic Studies*, 47 (1), pp. 225 – 238.

[15] Chang, H. and Wen, F., 2011, "Off – farm Work, Technical Efficiency, and Rice Production Risk in Taiwan", *Agricultural E-*

conomics, 42 (2), pp. 269 – 278.

[16] Chang, H., Dong, X. and Macphail, F., 2011, "Labor Migration and Time Use Patterns of the Left – behind Children and Elderly in Rural China", *World Development*, 39 (12), pp. 2199 – 2210.

[17] Chen, X., Q. Huang, S. Rozelle, Y. Shi, L. Zhang, 2009, "Effect of Migration on Children's Educational Performance in Rural China", *Comparative Economic Studies*, 51 (3), pp. 323 – 343.

[18] Chen, Z., Huffman, W. and Rozelle, S., 2009, "Farm Technology and Technical Efficiency, Evidence from Four Regions in China", *China Economic Review*, 20 (2), 153 – 161.

[19] Coase, R. and Wang, N., 2011, "A Research Agenda for Innovation in an Entrepreneurial Economy", *Entrepreneurship Research Journal*, 2011, 1 (2).

[20] Coase, R., 1937, "The Nature of the Firm", *Economica*, 4 (16), pp. 386 – 405.

[21] Collier, P. and Dercon, S., 2014, "African Agriculture in 50 Years, Smallholders in a Rapidly Changing World?", *World Development*, 63 (0), pp. 92 – 101.

[22] de Brauw, A. and R. Mu, 2012, "Unattended but Not Undernourished, Young Children Left Behind in Rural China", IFPRI Discussion Paper 1191, Washington D. C., International Food Policy Research Institute.

[23] de Brauw, A. and S. Rozelle, 2008, "Migration and Household Investment in Rural China", *China Economic Review*, 19, pp. 320 – 335.

[24] De Brauw, A., J. Huang, L. Zhang and S. Rozelle, 2013, "The Feminisation of Agriculture with Chinese Characteristics", *The Journal of Development Studies*, 49 (5), pp. 689 – 704.

[25] Dehejia, R. H. and Wahba, S., 1999, "Causal Effects in Nonexperimental Studies, Reevaluating the Evaluation of Training Programs", *Journal of the American Statistical Association*, 94 (448), pp. 1053 – 1062.

[26] Dolton, P. and Makepeace, G., 1986, "Sample Selection and Male – Female Earnings Differentials in the Graduate Labour Market", *Oxford Economic Papers*, 38 (2), pp. 317 – 341.

[27] Du, Y., A. Park and S. Wang, 2005, "Migration and Rural Poverty in China", *Journal of Comparative Economics*, 33 (4), pp. 688 – 709.

[28] Du, Y., Park, A. and Wang, S., 2005, "Migration and Rural Poverty in China", *Journal of Comparative Economics*, 33 (4), pp. 688 – 709.

[29] Fan, C., 2009, "Flexible Work, Flexible Household, Labor Migration and Rural Families in China", in Keister, L., Work and Organizationsin China Afterthirty Years of Transition, England, Emerald Group Publishing Limited, pp. 377 – 408.

[30] Fang, C. and Wang, M., 2008, "A Counterfactual Analysis on Unlimited Surplus Labor in Rural China", *China & World Economy*, 16, pp. 51 – 65.

[31] Fernandez – Cornejo, J., 1996, "The Macroeconomic Impact of 1PM Adoption, Theory and Application", *Agricultural and Resource Economics Review*, 25, pp. 149 – 160.

[32] Fisher, R., 1935, *The Design of Experiments*, England, Macmillan.

[33] Friedman, M., 1994, "The Methodology of Positive Economics", in Hausman, D., *The Philosophy of Economics*, England, Cambridge University Press.

[34] Giles, J., 2006, "Is Life More Risky in the Open? Household Risk – coping and the Opening of China's Labor Markets", *Jour-*

nal of Development Economics, 81 (1), pp. 25 – 60.

[35] Giles, J., D. Wang and C. Zhao, 2010, "Can China's Rural Elderly Count on Support from Adult Children? Implications of Rural – to – urban Migration", *Journal of Population Ageing*, 3 (3), pp. 183 – 204.

[36] Golley, J. and Meng, X., 2011, "Has China Run Out of Surplus Labour?", *China Economic Review*, 22 (4), pp. 555 – 572.

[37] Green, W., 1990, "A Gamma – Distributed Stochastic Frontier Model", *Journal of Econometrics*, 46 (1/2), pp. 141 – 164.

[38] Greene, W., 2010, "A Stochastic Frontier Model with Correction for Sample Selection", *Journal of Productivity Analysis*, 34 (1), pp. 15 – 24.

[39] Greene, W., 1981, "Sample Selection Bias as a Specification Error: A Comment", *Econometrica*, 49 (3), pp. 795 – 798.

[40] Greene, W., 2008, "The Econometric Approach to Efficiency Analysis", *The Measurement of Productive Efficiency and Productivity Growth*, Oxford University Press, pp. 92 – 250.

[41] Greene, W., 2010, "Testing Hypotheses about Interaction Terms in Nonlinear Models", *Economics Letters*, 107 (2), pp. 291 – 296.

[42] Greenwood, M., 1971, "An Analysis of the Determinants of Internal Labor Mobility in India", *Annals of Regional Science*, 5 (1), pp. 137 – 151.

[43] Greif, A., 1993, "Contract Enforceability and Economic Institutions in Early Trade: The Maghribi Traders' Coalition", *The American Economic Review*, 83 (3), pp. 525 – 548.

[44] Grogger, J., 2009, "Welfare Reform, Returns to Experience, and Wages, Using Reservation Wages to Account for Sample Selection Bias", *The Review of Economics and Statistics*, 91 (3), pp. 490 – 502.

[45] Hayami, Y. and Ruttan, V., 1971, *Agricultural Development: An International Perspective*, Maryland, Johns Hopkins Press.

[46] Heckman, J., 1978, "Dummy Endogenous Variables in a Simultaneous Equation System", *Econometrica*, 46 (4), pp. 931 – 959.

[47] Heckman, J., 1979, "Sample Selection Bias as a Specification Error", *Econometrica*, 7 (1), pp. 153 – 161.

[48] Heckman, J., 1990, "Varieties of Selection Bias", *The American Economic Review*, 80 (2), pp. 313 – 318.

[49] Huang, H., 2004, "Estimation of Technical Inefficiencies with Heterogeneous Technologies", *Journal of Productivity Analysis*, 21 (3), pp. 277 – 296.

[50] Jin, S. and Deininger, K., 2009, "Land Rental Markets in the Process of Rural Structural Transformation, Productivity and Equity Impacts From China", *Journal of Comparative Economics*, 37 (4), pp. 629 – 646.

[51] Jin, S., Ma, H., Huang, J., Hu, R. and Rozelle, S., 2010, "Productivity, Efficiency and Technical Change, Measuring the Performance of China's Transforming Agriculture", *Journal of Productivity Analysis*, 33 (3), pp. 191 – 207.

[52] Kalirajan, K., 1981, "An Econometric Analysis of Yield Variability in Paddy Production", *Canadian Journal of Agricultural Economics*, 29 (3), pp. 283 – 294.

[53] Knight, J., Deng, Q. and Li, S., 2011, "The Puzzle of Migrant Labour Shortage and Rural Labour Surplus in China", *China Economic Review*, 22 (4), pp. 585 – 600.

[54] Kumbhakar, S. and C. A. Lovell, 2000, *Stochastic Frontier Analysis*, New York, Cambridge University Press.

[55] Kumbhakar, S. and T. Summa, 1989, "Technical Efficiency of Finnish Brewing Plants, A Production Frontier Approach", *Scandinavian Journal of Economics*, 91 (1), pp. 147 – 160.

[56] Lee, D., 2009, "Training, Wages, and Sample Selection, Estimating Sharp Bounds on Treatment Effects", *The Review of Economic Studies*, 76 (3), pp. 1071 – 1102.

[57] Leung, S. and Yu, S., 1996, "On the Choice Between Sample Selection and Two – Part Models", *Journal of Econometrics*, 72 (1 – 2), pp. 197 – 229.

[58] Lewis, W., 1954, "Economic Development with Unlimited Supplies of Labor", *Manchester School*, 22, pp. 139 – 191.

[59] Li, L., Wang, C., Segarra, E. and Nan, Z., 2013, "Migration, Remittances, and Agricultural Productivity in Small Farming System in Northwest China", *China Agricultural Economic Review*, 5 (1), pp. 5 – 23.

[60] Liu, Z. and J. Zhuang, 2000, "Determinants of Technical Efficiency in Post – collective Chinese Agriculture, Evidence from Farm – level Data", *Journal of Comparative Economics*, 28 (3), pp. 545 – 564.

[61] Lucas, R., 1997, "Internal Migration in Developing Countries", *Handbook of Population and Family Economics*, 1, pp. 721 – 798.

[62] Maddala, G., 1983, *Econometrics, Limited – Dependent and Qualitative Variables*, Cambridge, England, Cambridge University Press.

[63] Mayen, C., Balagtas, J. and Alexander, C., 2010, "Technology Adoption and Technical Efficiency, Organic and Conventional Dairy Farms in the United States", *American Journal of Agricultural Economics*, 92 (1), pp. 181 – 195.

[64] Meeusen, W. and van den Broeck, J., 1977, "Efficiency Estimation from Cobb – Douglas Production Functions with Composed Error", *International Economic Review*, 18 (2), pp. 435 – 444.

[65] Meiyan, W., 2010, "The Rise of Labor Cost and the Fall of La-

bor Input, Has China Reached Lewis Turning Point?", *China Economic Journal*, 3 (2), pp. 137 – 153.

[66] Minami, R. and Ma, X., 2010, "The Lewis Turning Point of Chinese Economy, Comparison with Japanese Experience", *China Economic Journal*, 3 (2), pp. 163 – 179.

[67] Mochebelele, M., Winter – Nelson, A., 2000, "Migrant Labor and Farm Technical Efficiency in Lesotho", *World Development*, 28 (1), pp. 143 – 153.

[68] Mohapatra, S., Rozelle, S. and Goodhue, R., 2007, "The Rise of Self – employment in Rural China, Development or Distress?", *World Development*, 35 (1), pp. 163 – 181.

[69] Mu, R. and van de Walle, D., 2011, "Left Behind to Farm? Women's Labor Re – allocation in Rural China", *Labour Economics*, 18, pp. 83 – 97.

[70] Mundlak, Y., 1978, "On the Pooling of Time Series and Cross Section Data", *Econometrica*, 46 (1), pp. 69 – 85.

[71] Murphy, R., 2000, "Return Migrant Entrepreneurs and Economic Diversification in Two Counties in South Jiangxi, China", *Journal of International Development*, 11 (4), pp. 661 – 672.

[72] NBSC, 2011, "The release of The Sixth National Census Data of China", http://www.stats.gov.cn/tjsj/zxfb/201104/t20110428 – 12707.html.

[73] Nonthakot, P. and Villano, R., 2008, "Migration and Farm Efficiency, Evidence from Northern Thailand", Paper presented at the 52nd Australian Agricultural and Resource Economics Society Conference, Canberra, Australia, February 5 – 8.

[74] Otsuka, K., 2012, "Food Insecurity, Income Inequality, and the Changing Comparative Advantage in World Agriculture", 27th International Conference of Agricultural Economists, Foz do Iguaçu, Brazil.

[75] Pingali, P., 2007, "Agricultural Mechanization, Adoption Patterns and Economic Impact", in Evenson, R. (ed.), *Handbook of Agricultural Economics*, Amsterdam, Elsevier B. V., 2780 – 2800.

[76] Pitt, M. and Lee, L., 1981, "The Measurement and Sources of Technical Inefficiency in the Indonesian Weaving Industry", *Journal of Development Economics*, 9 (1), pp. 43 – 64.

[77] Rao, E., Brümmer and Qaim, M., 2012, "Farmer Participation in Supermarket Channels, Production Technology, and Efficiency, The Case of Vegetables in Kenya", *American Journal of Agricultural Economics*, 94 (4), pp. 891 – 912.

[78] Rosenbaum, P., 2002, *Observational Studies*, New York, Wiley.

[79] Roumasset, J., 1976, *Rice and Risk, Decision Making among Low – Income Farmers*, Amsterdam, North – Holland.

[80] Rozelle, S., Taylor, J. and De brauw, A., 1999, "Migration, Remittances, and Agricultural Productivity in China", *The American Economic Review*, 89 (2), pp. 287 – 291.

[81] Ruttan, V., 2008, *Technology, Growth and Development, An Induced Innovation Perspective*, New York and Oxford, Oxford University Press, 2001.

[82] Sirkeci, I., Cohen, J. and Ratha, D., 2012, Migration and Remittances during the Global Financial Crisis and Beyond, Washington D. C., World Bank.

[83] Stark, O. and Bloom, D., 1985, "The New Economics of Labor Migration", *The American Economic Review*, 75 (2), pp. 173 – 178.

[84] Stigler, G., 1951, "The Division of Labor is Limited by the Extent of the Market", *Journal of Political Economy*, 59 (3), pp. 185 – 193.

[85] Taylor, E., 1999, "The New Economics of Labour Migration and the Role of Remittances in the Migration Process", *International Migration*, 37 (1), pp. 63 – 88.

[86] Taylor, J., Rozelle, S. and De Brauw, A., 2003, "Migration and Incomes in Source Communities, A New Economics of Migration Perspective from China", *Economic Development and Cultural Change*, 52 (1), pp. 75 – 101.

[87] Tian, W. and G. Wan, 2000, "Technical Efficiency and Its Determinants of China's Grain Production", *Journal of Productivity Analysis*, 13, pp. 159 – 174.

[88] Tsionas, E., 2002, "Stochastic Frontier Models with Random Coefficients", *Journal of Applied Econometrics*, 17 (2), pp. 127 – 147.

[89] United Nations Development Programme, 2003, Overall Report, China's Accession to WTO, Challenges for Women in the Agricultural and Industrial Sector, Beijing, UNDP, UNIFEM, All China Women's Federation, National Development and Reform Commission and Center for Chinese Agricultural Policy.

[90] Van den, Broeck J., Koop, G., Osiewalski, J. et al., 1994, "Stochastic Frontier Models, A Bayesian Perspective", *Journal of Econometrics*, 61 (2), pp. 273 – 303.

[91] Wang, H. and Schmidt, P., 2002, "One – Step and Two – Step Estimation of the Effects of Exogenous Variables on Technical Efficiency Levels", *Journal of Productivity Analysis*, 18 (2), pp. 129 – 144.

[92] Wang, Y., C. Wang and S. Pan, 2011, "The Impact of Non-farm Activities on Agricultural Productivity in Rural China", Selected Paper Prepared for Presentation at the Agricultural and Applied Economics Association's 2011 AAEA, pp. and NAREA Joint Annual Meeting, Pittsburgh, PA, US, July 24 – 26.

[93] William, G., 2003, *Econometric Analysis*, New Jersey, Upper Saddle River.

[94] Williamson, O., 1979, "Transaction – Cost Economics, The Governance of Contractual Relations", *Journal of Law and Eco-*

nomics, 22 (2), pp. 233 - 261.

[95] Wooldridge, J., 2002, *Econometric Analysis of Cross Section and Panel Data*, London, MIT Press.

[96] Wouterse, F., 2010, "Migration and Technical Efficiency in Cereal Production, Evidence from Burkina Faso", *Agricultural Economics*, 41 (5), pp. 385 - 395.

[97] Yang, J., Huang, Z., Zhang, X. and Thomas, R., 2013, "The Rapid Rise of Cross - Regional Agricultural Mechanization Services in China", *American Journal of Agricultural Economics*, 95 (5), pp. 1245 - 1251,

[98] Yang, J., Wang, H., Jin, S., Chen, K, Z., Riedinger, J. and Chao, P., 2015, Migration, Local Off - Farm Employment, and Agricultural Production Efficiency, Evidence from China, IFPRI Discussion Papers.

[99] Yang, X. and Borland, J., 1991, "A Microeconomic Mechanism for Economic Growth", *Journal of Political Economy*, 99 (3), pp. 460 - 482.

[100] Yao, Y. and Zhang, K., 2010, "Has China Passed the Lewis Turning Point? A Structural Estimation Based on Provincial Data", *China Economic Journal*, 3 (2), pp. 155 - 162.

[101] Yue, B. and T. Sonoda, 2012, "The Effect of Off - farm Work on Farm Technical Efficiency in China", Working Paper, Nagoya University, Furi - cho, Chikusa - ku, Nagoya, Japan.

[102] Zhang, X., Yang, J. and Wang, S., 2011, "China has Reached the Lewis Turning Point", *China Economic Review*, 22 (1), pp. 542 - 554.

[103] Zhang, J., L. Zhang, S. Rozelle and S. Boucher, 2006, "Self - Employment with Chinese Characteristics, the Forgotten Engine of Rural China's, Growth", *Contemporary Economic Policy*, 24 (3), pp. 446 - 58.

[104] Zhao, Y., 2002, "Causes and Consequences of Return Migration, Recent Evidence from China", *Journal of Comparative Economics*, 30 (2), pp. 376 – 394.

[105] Zhao, Y., 2003, "The Role of Migrant Networks in Labor Migration, The Case of China", *Contemporary Economic Policy*, 21 (4), pp. 500 – 511.